Quel avenir pour les juridictions de proximité ?

BIBLIOTHÈQUES DE DROIT

COLLECTION FONDÉE ET DIRIGÉE PAR JEAN-PAUL CÉRÉ
Maître de Conférences à l'Université de Pau et des Pays de l'Adour

Cette collection a pour vocation d'assurer la diffusion d'ouvrages scientifiques sur des thèmes d'actualité ou sur des sujets peu explorés dans le domaine des sciences juridiques. Elle se destine notamment à la publication de travaux de jeunes chercheurs.

Ouvrages parus :

S. GRUNVALD et J. DANET, La composition pénale. Une première évaluation
G. ROUSSEL, Les procès-verbaux d'interrogatoire. Rédaction et exploitation

BIBLIOTHÈQUE DE DROIT *PROCESSUEL*

www.librairieharmattan.com
diffusion.harmattan@wanadoo.fr
harmattan1@wanadoo.fr

ISBN : 2-296-00697-3
EAN : 9782296006973

Romain MONTAGNON

Quel avenir pour les juridictions de proximité ?

Préface de

M. VERICEL

L'Harmattan
5-7, rue de l'École-Polytechnique ; 75005 Paris
FRANCE

L'Harmattan Hongrie
Könyvesbolt
Kossuth L. u. 14-16
1053 Budapest

Espace L'Harmattan Kinshasa
Fac..des Sc. Sociales, Pol. et Adm. ; BP243, KIN XI
Université de Kinshasa – RDC

L'Harmattan Italia
Via Degli Artisti, 15
10124 Torino
ITALIE

L'Harmattan Burkina Faso
1200 logements villa 96
12B2260
Ouagadougou 12

Je remercie

- les magistrats qui ont apporté leur concours à l'étude pratique, notamment M. LERNOUT, chef de la mission juges de proximité au ministère de la justice et M. GAGET, président du tribunal de grande instance de Saint-Etienne.

- l'ensemble des juges de proximité contactés à l'occasion de cette étude qui ont accepté de répondre au questionnaire qui leur a été soumis.

- les enseignants de la faculté de droit de Saint-Etienne qui m'ont fourni divers conseils utiles pour la publication de cet ouvrage.

Principales abréviations

Art	Article
Cass. crim	Chambre criminelle de la Cour de cassation
C. civ	Code civil
Cons. d'Et	Conseil d'Etat
C. pén	Code pénal
C. pr. pén	Code de procédure pénale
Dr. pén	Revue Droit pénal
Ed	Edition
Gaz. Pal	Gazette du Palais
Infra	Ci-dessous
JO	Journal Officiel
JCP	Jurisclasseur, La semaine juridique
Not	Notamment
P, pp	page(s)
Préc	Précité
Rev. sc. crim	Revue de science criminelle et de droit pénal comparé
RFD adm	Revue française de droit administratif
RTD civ	Revue trimestrielle de droit civil
S	suivant
Supra	Supra
V	Voir

Préface

Par M. VERICEL, professeur de droit privé à la faculté de droit de Saint-Etienne (CERCRID).

L'annonce de la création de juridictions de proximité, par le gouvernement mis en place après la réélection du Président CHIRAC en juin 2002, avait suscité un grand espoir, en particulier parmi les associations œuvrant dans le domaine de l'assistance juridique des consommateurs ou usagers : celui de la mise en place d'une juridiction adaptée aux petits litiges des particuliers qui, jusqu'alors, n'avaient guère accès à notre système juridictionnel.

En effet, ces petits litiges constitués, au civil, essentiellement des litiges de consommation, d'habitat, de voisinage, etc. d'une valeur n'excédant pas 1500-2000 euros, n'ont pas réellement trouvé de juge depuis la suppression des justices de paix en 1958. Lors de la réforme de décembre 1958, l'idée force avait été de faire des tribunaux d'instance des juridictions adaptées au traitement des petits litiges par l'instauration d'une série de règles procédurales particulières destinées à rendre les juges d'instance facilement accessibles et à permettre un règlement simple et rapide de ces litiges. Cependant, le gonflement considérable du contentieux judiciaire, l'insuffisance des recrutements de magistrats et l'alourdissement des tâches confiées aux juges d'instance ont eu pour conséquence une large ineffectivité de ces règles. De plus, les procédures simplifiées imaginées par le législateur à différentes époques pour faciliter l'accès des petits litiges au tribunal d'instance n'ont pas donné de résultats satisfaisants, de même d'ailleurs que l'institution des conciliateurs de justice. Il en résulte que la grosse majorité des petits litiges civils des particuliers n'accède pas au juge ; un certain nombre se règlent (plus ou moins bien) à l'amiable, avec éventuellement recours à l'intermédiaire d'une association ou d'un conciliateur de justice, mais la plupart ne trouvent d'autre solution que celle de la partie au litige la plus puissante.

L'idée d'instaurer une juridiction spécialisée pour les litiges de la vie quotidienne est ainsi apparue fort séduisante. Malheureusement, la volonté d'agir vite, pour des raisons d'affichage politique, au détriment d'une réflexion approfondie et aussi d'un minimum de concertation avec les parties directement concernées (magistrats, associations de consommateurs, avocats et autres auxiliaires de justice) a tout gâché ou presque. C'est ce que démontre fort bien le présent ouvrage de Romain MONTAGNON.

L'auteur décrit d'abord la physionomie de la juridiction de proximité à l'aune de la loi du 26 janvier 2005, au travers du statut de la juridiction de proximité, puis de celui du juge de proximité. Il expose de manière très claire que la loi d'orientation et de programmation pour la justice du 9 septembre 2002 a créé une institution judiciaire nouvelle extrêmement complexe dont l'insertion dans le système juridictionnel existant soulève des problèmes nombreux et graves, puis que, les premiers juges de proximité étant à peine entrés en fonction, le législateur a estimé que les compétences conférées à ces juges étaient trop restreintes et qu'il convenait de les étendre, notamment à toutes les actions civiles personnelles et mobilières jusqu'à la valeur de 4000 euros (loi du 26 janvier 2005). Mais, explique M. MONTAGNON, cette extension de compétence (civile et aussi pénale) s'écarte totalement de l'idée initiale à l'origine de l'instauration des juridictions de proximité qui était de faire venir devant le juge la majorité des petits litiges des particuliers qui n'y accèdent pas faute de procédures appropriées. Les juges de proximité deviennent surtout des auxiliaires quasi-bénévoles des magistrats professionnels des tribunaux d'instance et de police chargés de juger les affaires qui jusque là relevaient des attributions des juges d'instance, alors même qu'ils ne reçoivent pas une formation initiale et continue suffisante et qu'aucun mécanisme particulier n'est instauré pour favoriser l'accès au juge des petits litiges. L'avenir des juridictions de proximité semble bien fragile et diverses réformes apparaissent indispensables pour éviter aux juges de proximité de connaître un sort identique à celui des magistrats à titre temporaire.

La seconde partie de l'étude est consacrée à la juridiction et aux juges de proximité en pratique. Elle dresse un bilan d'étape du recrutement des juges, décrit le fonctionnement effectif de la nouvelle juridiction, au moyen d'une enquête pratique réalisée notamment par le biais d'un questionnaire auxquels ont répondu une quinzaine de juges de proximité de plusieurs cours d'appel et met en lumière les inquiétudes de ces derniers concernant leur formation et leur rémunération. Certes, les réponses recueillies ne reflètent pas l'intégralité des pratiques de ces juges mais elles donnent néanmoins une bonne idée des problèmes concrets que soulève le fonctionnement des juridictions de proximité.

Au total, la présente étude offre le grand intérêt d'une bonne et complète analyse du dispositif législatif et réglementaire relatif à la nouvelle juridiction, s'appuyant (ce qui n'est pas si fréquent, hélas) sur une véritable enquête de terrain dont les enseignements, même s'ils doivent être relativisés, ne sauraient être négligés. C'est donc un très bon ouvrage sur la juridiction de proximité que celui de Romain MONTAGNON qui laisse fort bien augurer du résultat de ses recherches futures.

Introduction

Présentée comme un instrument de reconquête sociale à même de résoudre l'ensemble des maux dont souffre la société, la notion de « proximité » connaît depuis plusieurs années une ascension fulgurante dans le discours politique et dans la vie publique, au point de faire figure d'antienne. Porteuse d'une connotation systématiquement positive et fédératrice, elle gagne des secteurs de plus en plus variés. Ainsi, parle-t-on volontiers de « police de proximité »[1], de « démocratie de proximité »[2], de « services publiques de proximité »[3], de « justice de proximité »[4] et désormais de : « juridictions de proximité ».

Nouvelles venues dans le paysage institutionnel français, les juridictions de proximité ont été créées par la loi du 9 septembre 2002[5], mais restent à ce jour au cœur de l'actualité en raison de

---

[1] Le développement d'une police de proximité traduit une conception de la présence de la police dans la société, « reposant sur la confiance, la connaissance réciproque et le respect mutuel ». Elle doit également agir en partenariat avec tous les acteurs de la sécurité, notamment avec les élus locaux à travers les contrats locaux de sécurité.

[2] Loi n°2002-276 du 27 février 2002 relative à la démocratie de proximité. J.O. n°50 du 28 Février 2002. Cette loi a pour objet premier l'approfondissement de la démocratie locale, par le développement de la démocratie participative d'une part, qui permet aux habitants d'être mieux associés à la vie locale et, d'autre part, par le renforcement de la démocratie représentative, afin de fournir aux élus locaux de meilleures conditions d'exercice de leurs mandats.

[3] Pour désigner notamment les hôpitaux, bureaux de poste, écoles…

[4] Pour une définition de l'expression : V. Section 1 § 2.

[5] Loi n°2002-1138 du 9 septembre 2002 d'orientation et de programmation pour la justice. J.O. n°211 du 10 septembre 2002, page 14934 (rectificatif paru au J.O. n°299 du 24 décembre 2002 page 21500).

l'extension de leurs compétences par une loi du 26 janvier 2005[6]. Pour mieux comprendre à quel avenir se destinent ces juridictions et faire apparaître la problématique de cette étude (Section 3), il est nécessaire de connaître d'une part, leurs origines (Section 1) et d'autre part, la façon dont elles ont été accueillies par les professionnels du monde judiciaire (Section 2).

Section 1. La genèse des juridictions de proximité

Pour retracer la genèse des juridictions de proximité, il convient de s'arrêter sur le processus d'adoption de la loi du 9 septembre 2002 (§ 1) et d'examiner les objectifs qui président à la création de la nouvelle institution (§ 2).

§ 1. L'adoption de la loi instituant les juridictions de proximité

Promesse électorale du candidat Jacques CHIRAC lors des élections présidentielles de 2002[7], la création des juridictions de proximité fut l'un des premiers grands chantiers ouverts par le gouvernement RAFFARIN au début de la nouvelle législature. Au lendemain des élections présidentielles et immédiatement après le renouvellement de l'Assemblée nationale, le 16 juin 2002, le premier ministre convoqua une cession parlementaire extraordinaire afin d'examiner les projets de loi prioritaires, au nombre desquels figurait la création d'une « justice de proximité »[8]. Le nouveau ministre de la justice, Dominique PERBEN, ne disposa que d'une quinzaine de jours pour présenter, au conseil des ministres du 29

[6] Loi n°2005-47 du 26 janvier 2005 relative aux compétences du tribunal d'instance, de la juridiction de proximité et du tribunal de grande instance. J.O. n°22 du 27 janvier 2005, page 1409.

[7] Le candidat Lionel JOSPIN avait cependant un projet similaire.

[8] La cession parlementaire extraordinaire s'est ouverte le 2 juillet 2002 et s'est achevée le 3 août 2002.

mai 2002 une communication sur une loi de programmation de cinq ans pour la justice[9].

C'est dans ce contexte marqué par l'urgence que fut voté ce texte le 3 août 2002, en moins d'un mois, au terme de la plus longue session extraordinaire depuis 1986, et selon la procédure d'urgence de l'article 45 alinéa 3 de la Constitution[10]. Pourtant, son contenu était dense et aurait mérité un véritable débat de fond. La loi du 9 septembre 2002 comportait en effet deux volets principaux. Le second volet, qui ne nous retiendra pas, fut consacré à la justice pénale en réponse à la demande de sécurité (au centre de la campagne électorale pour l'élection du président de la République), et notamment aux infractions commises par des mineurs. Le premier volet, qui nous intéresse ici, complète le livre III du code de l'organisation judiciaire de dispositions instituant dans le ressort de chaque Cour d'appel, des juridictions de proximité autonomes dénommées « juridictions de proximité ». Est ainsi créée ex-nihilo, une nouvelle juridiction judiciaire, distincte des juridictions de première instance déjà existantes.

La création des juges de proximité avait cependant déjà été évoquée de longue date. Dès 1991, dans un rapport au titre évocateur[11], Hubert HAENEL et Jean ARTHUIS relevaient la nécessité de redéfinir les missions de la justice en rappelant que le juge devait avant tout dire le droit et qu'il était souhaitable d'adapter la carte judiciaire aux évolutions économiques, sociales et contentieuses en maintenant un service public apte à régler les litiges de la vie quotidienne sans distendre le lien entre le juge et le justiciable. Mais à l'époque, ils se bornaient à souhaiter un renforcement notable des moyens du juge d'instance alors qu'en 1994, à

[9] Le Monde, 16 mai 2002, « Dominique PERBEN annonce « une loi de moyens » pour la justice ».

[10] Lorsque le gouvernement déclare l'urgence, après une seule lecture dans chacune des deux assemblées, le Premier ministre a la faculté de provoquer la réunion d'une commission mixte paritaire chargée de proposer un texte sur les dispositions restant en discussion. Le texte élaboré par cette commission peut être soumis par le gouvernement pour approbation aux deux assemblées. Aucun amendement n'est recevable sauf accord du gouvernement.

[11] « Justice sinistrée, démocratie en danger », Economica, 1991.

l'occasion d'un document de travail remis au garde des Sceaux[12], ils préconisaient la création de juges de proximité rattachés au tribunal d'instance afin de le suppléer et recrutés soit parmi les greffiers en chef, soit parmi les citoyens désireux de participer au fonctionnement de l'institution judiciaire en vue d'alléger la tâche des actuels juges d'instance.

Plus récemment, les recommandations de la mission d'information de la commission des lois sur l'évolution des métiers de la justice présidée par le sénateur Jean-Jacques HYEST[13] tendaient à conforter les tribunaux d'instance comme juges de proximité et souhaitaient l'instauration de juges de paix délégués dotés de prérogatives importantes pour régler les conflits à l'amiable, disposant de pouvoirs propres (les accords intervenus par leur entremise ayant automatiquement force exécutoire) et exerçant leurs fonctions « sous le regard du juge d'instance ».

Néanmoins, si l'idée de mettre en place des juges de proximité n'est pas totalement novatrice, la place et la mission que leur a données le législateur en 2002 s'inscrivent dans la singularité. En effet, contrairement aux précédentes propositions, ils constituent un ordre de juridiction autonome et disposent de véritables pouvoirs juridictionnels en rendant des décisions ayant force exécutoire.

§ 2. Les objectifs visés à travers la mise en place de la nouvelle institution

Partant du constat selon lequel « bon nombre de petits litiges de la vie quotidienne[14] n'étaient pas soumis à l'institution judiciaire pour des raisons de coût, de démarches jugées trop complexes ou de délais estimés trop importants », le gouvernement à l'origine du projet de loi fit valoir que cette situation engendrait « une incom-

---

[12] HAENEL, Hubert et ARTHUIS, Jean. Propositions pour une justice de proximité. Rapport de la commission sur la justice de proximité et les missions du juge remis au garde des Sceaux, Pierre Méhaignerie, fév. 1994.

[13] COINTAT, Christian. Rapport d'information n°345, Sénat, juill. 2002 (session 2001/2002), recommandation n°33.

[14] Notamment en matière de consommation, de conflits de voisinage, etc.

préhension et un sentiment d'inadéquation de la réponse sociale et institutionnelle au besoin de justice ». Le projet de loi visait donc à trouver à ce type de litiges « une réponse simple, rapide et efficace en instituant un juge disposant du temps nécessaire pour privilégier l'écoute des justiciables ainsi que la voie de la conciliation »[15].

L'adoption de la loi instituant les juridictions de proximité constitue ainsi une étape supplémentaire dans la mise en place de la justice de proximité. Ainsi que l'ont souligné certains auteurs[16], le juge de proximité n'épuise pas la problématique de la justice de proximité dont il ne constitue qu'un modeste élément. En effet, le concept de « justice de proximité »[17] se définit généralement sous trois aspects :

- Une proximité spatiale : l'objectif est de rapprocher géographiquement la justice des citoyens.

- Une proximité temporelle : le temps de la justice n'est pas le temps social. Il lui est aujourd'hui demandé de donner des solutions rapides.

- Une proximité humaine (ou psychologique) : la justice doit se faire plus respectueuse des personnes, moins sanctionnatrice et plus compréhensive. En d'autres termes, la justice doit utiliser davantage le dialogue et donner au justiciable le sentiment qu'il est écouté et compris.

La mise en place des juges de proximité n'apporte donc qu'une pierre à l'édifice de la justice de proximité. Rendre la justice plus proche du justiciable est une préoccupation ancienne et constante. De nombreux écrits ont été consacrés à la justice judiciaire

---

[15] Exposé des motifs du projet de loi d'orientation et de programmation pour la justice.

[16] V. notamment : DALLE, Hubert. Le juge et la justice de proximité. Gaz. pal., 2003, n°302, p.31-34.

[17] On remarquera l'antinomie des termes contenus dans l'expression car par définition, la justice, en la figure du juge, doit cultiver une certaine distance pour garder son indépendance.

de proximité tant à travers une approche historique[18] que par le prisme du droit comparé[19].

En France, différents instruments ont été utilisés au fil du temps pour répondre à l'objectif d'une justice plus proche du citoyen, du remplacement du juge de paix par le juge d'instance (A) en passant par la mise en place de modes alternatifs de règlement des conflits et de maisons de justice et du droit (B). Néanmoins, tous ont démontré leurs limites.

A. Du juge de paix au juge d'instance

1. La création des juges de paix

Dès 1790[20], l'instauration du juge de paix répondait à la volonté de mettre au service des justiciables un magistrat différent, en termes de mission et de recrutement, des autres juges professionnels. Le juge de paix devait en effet s'efforcer de concilier les parties, d'arbitrer les conflits et, à défaut, de trancher le litige[21]. Sa mission conciliatrice, à l'origine étendue à tous les procès civils, s'est progressivement calquée sur ses attributions juridictionnelles plus restreintes, limitées, en matière civile, aux petites affaires personnelles et mobilières, aux actions possessoires, aux conflits entre bailleurs et locataires et, en matière pénale, aux contraventions de simple police. L'énumération des compétences dévolues au juge de paix figurant dans la loi du 12 juillet 1905 relative aux justices de paix démontre qu'il se présentait avant tout comme

---

[18] V. notamment : METAIRIE, Guillaume. *La justice de proximité : une approche historique*. Paris : Presses universitaires de France, 2004. 160 p. PETIT, Jacques-Guy (sous la direction de). *Une justice de proximité : la justice de paix*. Paris : Presses universitaires de France, 2002. 283 p.

[19] V. sur ce point : WYVEKENS, Anne, FAGET, Jacques (sous la direction de). *La justice de proximité en Europe : pratiques et enjeux*. Ramonville Saint-Agne : Erès, 2001. 175 p.

[20] Lois des 16 et 24 août 1790.

[21] Treilhard, l'un des rédacteurs du code de procédure civile de 1806, le définira comme : « un arbitre, un père plutôt qu'un juge » devant « placer sa véritable gloire moins à se prononcer entre ses enfants qu'à les concilier ».

l'autorité chargée de régler les litiges de la vie quotidienne[22]. D'accès gratuit et implanté dans chacun des 2092 cantons, il était à la portée de tous. A l'origine, l'accès aux fonctions de juge de paix ne nécessitait aucune qualification juridique particulière. L'élection instituée en 1790 a rapidement cédé le pas à la nomination de personnes dotées d'une autorité morale et d'une situation sociale établie. A partir de 1926, le législateur exigea de véritables connaissances en droit et un minimum d'expérience professionnelle dans le domaine juridique[23].

La professionnalisation des juges de paix et le regroupement des justices de paix, débuté en 1929, ont constitué les prémices de la disparition de ces juridictions originales. La « judiciarisation » de la société et la complexification du contentieux ont accru les exigences de qualification juridique. En outre, le maillage cantonal s'est révélé inadapté face à l'urbanisation croissante[24]. Par conséquent, le législateur a supprimé les justices de paix par l'ordonnance n°58-1273 du 22 décembre 1958 afin de les remplacer par une nouvelle organisation judiciaire.

2. L'avènement du juge d'instance

En 1958, les tribunaux d'instance[25] succédèrent aux juges de paix. Composés de magistrats professionnels, ils sont devenus l'échelon de proximité privilégié, leur ressort prenant généralement pour référence l'arrondissement. L'instauration d'une série de règles procédurales particulières était destinée à rendre les juges d'instance facilement accessibles et à permettre un règlement simple et rapide des « petits litiges » (saisine sur simple déclaration au greffe, possibilité pour les parties de se défendre elles-mêmes,

---

[22] A titre d'exemple, relevaient de sa compétence : les contestations entre hôteliers et voyageurs, les contestations relatives à la correspondance, les actions relatives à l'élagage des arbres...

[23] Pour être nommé juge de paix, il fallait être titulaire d'une licence en droit, justifier de deux années d'activité dans un barreau ou une étude notariale et réussir un examen professionnel.

[24] En 1958, on ne dénombrait plus que 700 juges de paix assurant le service des 2092 cantons, ce qui s'est traduit par un éloignement des citoyens.

[25] Au nombre de 473 aujourd'hui.

procédure orale et peu formaliste, conciliation des parties par le juge avant de rendre son jugement).

Toutefois, même si les tribunaux d'instance ont conservé une partie des caractéristiques originelles des anciennes justices de paix, ils ont perdu leur spécificité de juridiction des contentieux de la vie quotidienne et se sont éloignés de leur vocation première. L'encombrement croissant auquel ils ont dû faire face imputable d'une part, au développement d'un contentieux de masse[26] et, d'autre part, à l'élargissement de leurs compétences juridictionnelles[27] a eu pour conséquence de rendre ineffectives les règles de procédure simplifiées. Par ailleurs, un ralentissement des délais de traitement a été observé. Ainsi, les petits litiges civils du quotidien n'ont pu trouver une réponse judiciaire adaptée. Or, ces litiges ne sont « petits » que si on les isole les uns des autres. Ils prennent une importance considérable du fait de leur répétition dans l'espace et dans le temps[28].

Face aux difficultés de ces tribunaux, confrontés à des exigences contradictoires (demeurer un échelon de proximité tout en assumant des missions de plus en plus larges et complexes), de nouveaux dispositifs destinés à renforcer la proximité de la justice sont nés.

B. Le développement des modes alternatifs de règlement des conflits et la création des maisons de justice et du droit

Ainsi que l'a souligné le professeur DESDEVISES[29], traiter de justice de proximité suppose de faire le lien avec la réflexion contemporaine sur la diversification des modalités de régulation

---

[26] Par exemple, dans le domaine de la consommation ou en matière de litiges locatifs.

[27] Notamment en matière de tutelle ou dans le domaine électoral.

[28] En ce sens, V. notamment : CAMOUS, Eric. *Règlements non-juridictionnels des litiges de la consommation*, LGDJ, 2002, préface.

[29] DESDEVISES, Yvon. Justice et juridiction de proximité dans la loi du 9 septembre 2002. Droit et procédures, mars-avril 2003, n°2, p.68-74.

des conflits englobant les modes alternatifs de règlement des litiges, complémentaires des formes classiques de justice fondées sur l'application du droit par les tribunaux.

Dans l'idée de recréer une justice de proximité, le pouvoir réglementaire a institué, par décret du 20 mars 1978, les conciliateurs devenus en 1996, les conciliateurs de justice. Pouvant être saisis sans aucune forme, par toute personne physique ou morale, ils ont pour mission de faciliter, en dehors de toute procédure judiciaire, le règlement amiable des différends. Ils peuvent également procéder aux tentatives préalables de conciliation applicables aux tribunaux d'instance. Parallèlement à la conciliation, s'est développée également la médiation judiciaire. Instituée par la loi n°95-125 du 8 février 1995, elle permet à un juge de désigner une tierce personne, avec l'accord des parties, pour les entendre et rechercher avec elles une solution négociée. Conciliation et médiation sont aujourd'hui regroupées sous une notion générique : les modes alternatifs de règlement des conflits[30].

L'intérêt de ces nouveaux modes de règlement des conflits a été mis en exergue à plusieurs reprises par la doctrine[31]. En impliquant directement les parties dans le règlement de leurs litiges, ils leur donnent les moyens de participer activement à l'œuvre d'une justice dont ils sont inévitablement appelés à se rapprocher et permettent de faire l'économie d'un procès. Cependant, les MARC révèlent leurs limites dans le traitement des litiges de consommation. Ainsi que l'explique M. CAMOUS[32], « les modes de règlement non juridictionnel des litiges, et notamment la conciliation, constituent une source de régression de la protection des consommateurs à la fois parce que leur usage fait oublier l'existence des délais pour agir en justice et parce que l'application de la norme juridique y est souvent évincée au profit d'une notion

---

[30] Ces modes de règlement des conflits, conventionnels et non juridictionnels, sont alternatifs par rapport à la justice étatique.

[31] V. notamment RIVIER, Marie-Claire. Les modes alternatifs de règlement des conflits : un objet nouveau dans le discours des juristes français ? Rapport pour la mission de recherche droit et justice, 2001.

[32] CAMOUS, Eric. *Règlements non-juridictionnels des litiges de la consommation*. L.G.D.J, bibl. de droit privé, 2002, p.28.

d'équité qui est généralement moins favorable aux consommateurs ».

Avec le développement des MARC, se sont également mises en place les maisons de justice et du droit, institutionnalisées par une loi du 18 décembre 1998[33]. Placées sous l'autorité des chefs du tribunal de grande instance dans le ressort duquel elles sont situées, elles assurent une présence judiciaire de proximité et concourent à la prévention de la délinquance, à l'aide aux victimes et à l'accès au droit. En outre, les mesures alternatives de traitement pénal et les actions tendant à la résolution amiable des litiges peuvent y prendre place. Cependant, les maisons de justice et du droit ne sont parfois pas connues par les citoyens. En outre, leur implantation sur le territoire n'est pas uniforme et plusieurs départements n'en possèdent pas[34].

Section 2. Les critiques

Si une réforme était attendue, celle proposée par le Gouvernement et consistant à créer un nouvel ordre de juridiction, fut âprement « discutée » par les principaux acteurs de l'institution judiciaire[35]. En effet, après l'adoption de la loi instituant les juridictions de proximité, de nombreux professionnels du monde judiciaire ont, à travers leurs organisations représentatives, exprimé leurs inquiétudes sur la mise en place des juges de proximité[36].

---

[33] Loi n° 98-1163 du 18 décembre 1998 relative à l'accès au droit et à la résolution amiable des conflits.

[34] Sur la carte des maisons de justice et du droit, V. le site Internet du ministère de la justice : http://www.justice.gouv.fr/region/mjdanten.htm.

[35] V. notamment : Le Monde, 18 juillet 2002, « La réforme de la justice présentée sous le feu des critiques ».

[36] SIRE-MARIN, Evelyne. L'inquiétude des professionnels du monde judiciaire devant la création des « juges de proximité ». D., 2002, n°44, point de vue, p.3275-3276.

Le Monde, 1er novembre 2002, « Les syndicats de magistrats rejettent d'une seule voix la justice de proximité ».

Le Monde, 20 novembre 2002, « Les juges de proximité suscitent l'inquiétude des magistrats ».

Onze associations et syndicats de professionnels du monde judiciaire[37] ont signé un « manifeste » condamnant la création d'une juridiction de proximité. Dans ce texte, les signataires estiment irrecevable l'argument du gouvernement selon lequel il n'existerait pas aujourd'hui de solution adaptée pour juger les petits litiges de la vie quotidienne et les petites infractions. Pour eux, la justice d'instance permet déjà cette justice de proximité gratuite, simple d'accès, où la représentation par avocat n'est pas obligatoire, où la procédure est orale et dans laquelle le juge a la possibilité de concilier les parties. Ils soulignent en outre que l'avantage de cette justice d'instance est qu'elle est rendue par des juges professionnels dotés d'un statut garantissant leur indépendance et leur impartialité et estiment que les juges de proximité ne remplissent pas ces garanties . Ils soupçonnent le gouvernement de vouloir faire disparaître les tribunaux d'instance et, pour appuyer leur démonstration, ils invoquent l'annexe de la loi d'orientation et de programmation pour la justice du 9 septembre 2002 qui propose la fusion des tribunaux d'instance et des tribunaux de grande instance.

Selon le communiqué, le développement de la justice de proximité aurait dû conduire le gouvernement à envisager un renforcement des moyens matériels et humains des tribunaux d'instance en facilitant l'accès à l'aide juridictionnelle et en recrutant des fonctionnaires, des greffiers et des magistrats afin que les tribunaux d'instance aient les véritables moyens d'accueillir les justiciables et rendre la justice dans les meilleures conditions possibles.

Le Monde, 24 octobre 2003, « Les juges d'instance dénoncent l'absurdité de la justice de proximité ».

[37] Le S.M (Syndicat de la Magistrature), l'U.S.M (Union Syndicale des Magistrats) et l'A.N.J.I. (Association Nationale des Juges d'Instance) représentant à eux trois environ 90 % des magistrats, la C.G.T services judiciaires, le S.A.F (Syndicat des Avocats de France), l'A.F.C. (Association Française de Criminologie), l'A.F.M.J.F (Association Française des Magistrats de la Jeunesse), la Ligue des droits de l'homme, , le S.J.A (Syndicat des Juridictions Administratives), le SNPES / PJJ / FSU (Protection Judiciaire de la Jeunesse / Fédération Syndicale Unitaire), l'U.S.M.A (Union Syndicale des Magistrats Administratifs).

Reprenant les différents arguments avancés par les professionnels du monde judiciaire, plusieurs institutions ou associations comme la commission nationale consultative des droits de l'homme ou l'UFC-Que choisir ont également exprimé leur opposition à la création des juridictions de proximité.

Section 3. Problématique générale et méthodologie

Les différentes controverses nées de la mise en place des juridictions de proximité conduisent à s'interroger, dans le cadre de la présente étude, d'une part, sur l'utilité des juridictions de proximité et d'autre part, sur les améliorations qu'il est possible d'envisager pour cette nouvelle institution.

Autrement dit, était-il nécessaire de faire une nouvelle juridiction, que sont susceptibles d'apporter ces nouveaux juges au système judiciaire et quels correctifs sont envisageables pour permettre à l'institution de remplir pleinement le rôle qui lui a été initialement dévolu ?

La première partie de cette étude vise à dégager la physionomie d'ensemble de la juridiction de proximité à la lumière de la loi du 26 janvier 2005. Dans cette perspective, que l'on pourrait qualifier de « perspective interne »[38], l'approche dogmatico-doctrinale sera privilégiée. En effet, outre une description organisée de la teneur des règles applicables devant cette juridiction, elle a également pour but de faire ressortir les problèmes d'interprétation de celles-ci, de discuter de leur cohérence et de leur opportunité. Mais parce que cette étude est tournée vers l'avenir, chaque chapitre sera accompagné de conclusions permettant de dégager les points à améliorer et éventuellement les évolutions prévisibles des règles présidant à la création de l'institution.

---

[38] Terminologie empruntée au professeur JEAMMAUD. V. précisément : JEAMMAUD, Antoine. Une typologie des activités savantes prenant le droit pour objet (dossier sur la recherche en sciences juridiques). *Revue du CNRS, sciences de l'homme et de la société*, n°54, mai 1999, p.10-11.

La deuxième partie a pour objectif d'étudier la juridiction et les juges de proximité en pratique. Outre un bilan du recrutement et de la formation, elle permettra de faire ressortir la façon dont les juges de proximité appliquent en situation contentieuse certaines règles de procédure et de mettre en exergue leurs attentes et préoccupations. Le choix de traiter séparément ces développements s'explique par leur perspective fondamentalement différente. En effet, l'élaboration de cette deuxième partie repose sur la réalisation d'une enquête de terrain menée à partir d'un questionnaire soumis à un échantillon de juges de proximité et dont les résultats sont, pour une large part, corroborés par le rapport du groupe de travail sur les juridictions de proximité rendu public en novembre 2005[39]. Elle s'inscrit donc dans une perspective externe considérant le point de vue adopté par les acteurs et s'appuie davantage sur une démarche sociologique permettant de rendre compte de la façon dont l'institution fonctionne en pratique[40].

[39] Rapport du groupe de travail sur les juridictions de proximité (septembre 2003-novembre 2005) : bilan et propositions. Source : ministère de la justice. Sur la mise en place de ce groupe de travail, V. p. 144-145.

[40] Sur la méthodologie utilisée pour la réalisation de cette enquête de terrain, V. p. 143-144.

1ère PARTIE : LA PHYSIONOMIE DE LA JURIDICTION DE PROXIMITE A L'AUNE DE LA LOI DU 26 JANVIER 2005

Moins de deux ans après la mise en place de ses premiers juges, la juridiction de proximité a fait l'objet de retouches significatives avec la loi n°2005-47 du 26 janvier 2005[41]. Une telle évolution était toutefois prévisible. En effet, lors des débats parlementaires sur la loi du 9 septembre 2002, le sénateur Pierre FAUCHON avait souligné le caractère expérimental de la création des juridictions de proximité et observé que des ajustements se révèleraient sans doute nécessaires.

Dans cette perspective, un projet de loi avait été préparé par le gouvernement en septembre 2004. Cependant, dans un souci de rapidité, des parlementaires de la majorité ont déposé, le 26 octobre 2004 au Sénat, une proposition de loi reprenant l'essentiel du projet gouvernemental. Après quelques modifications apportées par l'Assemblée nationale, elle a été adoptée définitivement par le Sénat en deuxième lecture le 22 décembre 2004. Saisi par plus de soixante députés et sénateurs, le Conseil constitutionnel a validé la loi sous une réserve (concernant la composition du tribunal correctionnel). Publiée au journal officiel le 27 janvier, elle est

---

[41] V. supra note 6.

entrée en vigueur depuis le 28 janvier 2005 en matière civile[42] et le 1er avril 2005, en matière pénale[43].

Cette réforme s'explique essentiellement par les difficultés rencontrées par le ministère de la justice dans la mise en place de cette nouvelle institution, notamment au niveau de la faible masse du contentieux traité par les juges de proximité. Ainsi, dès le mois d'octobre 2003, M. Michel LERNOUT, chef de la mission juges de proximité, entendu par M. COINTAT, alors rapporteur pour avis au nom de la commission des lois au Sénat sur les crédits de la loi de finances pour 2004, affectés aux services généraux de la justice, avait constaté le faible volume d'affaires transférées des tribunaux d'instance vers les juridictions de proximité et jugé inévitable d'élargir leurs attributions[44].

Le même constat fut établi en octobre 2004. En réponse à une question écrite du sénateur FRIMAT[45], le ministère de la justice indiqua qu'au regard de l'activité juridictionnelle des juridictions de proximité, le nombre d'affaires civiles relevant de leur compétence représentait environ 5 % du contentieux des tribunaux d'instance[46].

La faible masse du contentieux civil traité par les juges de proximité s'expliquait par la limitation du taux de compétence de

---

[42] L'article 11 de la loi du 26 janvier 2005 dispose en effet que : « la présente loi ne s'applique pas, en matière civile, aux instances engagées avant la date de son entrée en vigueur ».

[43] L'article 11 de la loi du 26 janvier 2005 prévoit que : « les dispositions des articles 7 à 9 entrent en vigueur le premier jour du troisième suivant sa publication. Toutefois, les affaires dont le tribunal de police ou la juridiction de proximité sont régulièrement saisis à cette date demeurent de la compétence de ces juridictions ».

[44] Avis sur les crédits de la loi de finances pour 2004 consacrés aux services généraux de la justice n° 78, tome IV, de M. Christian COINTAT (Sénat, 2003-2004), p. 24.

[45] Journal officiel, questions écrites, Sénat, 28 octobre 2004, p. 2477.

[46] Cette situation fut confirmée par l'association nationale des juges d'instance, entendue par la commission des lois au Sénat le 3 novembre 2004 à l'occasion de l'examen de la proposition de loi relative aux compétences du tribunal d'instance, du tribunal de grande instance et de la juridiction de proximité.

la juridiction de proximité fixé à 1500 euros mais surtout par le fait qu'elle ne connaissait que des actions exercées par une personne physique pour les besoins de sa vie non professionnelle. La conséquence de cette double limitation était que dans de nombreuses juridictions, les juges de proximité ne siégeaient qu'une à deux fois par mois[47]. Craignant une nouvelle diminution de leur taux d'occupation en raison de l'intention du ministère de la justice de recruter près de 3300 juges de proximité d'ici 2008, la plupart d'entre eux souhaitaient être saisis d'un contentieux plus volumineux[48].

S'agissant de la matière pénale, le taux d'occupation des juges de proximité était meilleur. Selon les informations fournies par le ministère de la justice, l'activité des juridictions de proximité dans le domaine pénal représentait environ 15 % du contentieux traité auparavant par les tribunaux de police[49]. Cette activité plus dense qu'en matière civile pouvait s'expliquer en raison de la compétence du juge de proximité pour juger toutes les contraventions des quatre premières classes relatives au code de la route. Cependant, la répartition des compétences en matière pénale telle que prévue initialement par la loi du 9 septembre 2002 et le décret du 23 juin 2003 était d'une grande complexité.

Pour ces différentes raisons, il est donc rapidement apparu nécessaire d'apporter certains correctifs à cette nouvelle institution. Cependant, la perspective d'accroître le champ d'action des juridictions de proximité raviva les critiques, notamment parmi les syndicats de magistrats[50]. Ces derniers firent valoir que le bilan de

---

[47] Chiffres cités par Isabelle GUENEZAN, présidente de l'association nationale des juges de proximité, lors de son audition par la commission des lois au Sénat le 3 novembre 2004.

[48] V. notamment, Libération, 17 septembre 2004, « Soit nos attributions augmentent soit nous disparaissons », entretien avec Raphaël PIASTRA, maître de conférences à l'université d'auvergne et juge de proximité à Clermont-Ferrand.

[49] Chiffres cités dans le rapport n°66 (2004-2005) de M. le sénateur Pierre FAUCHON, fait au nom de la commission des lois au Sénat, déposé le 17 novembre 2004.

[50] Libération, 25 septembre 2004, « Mobilisation contre les juges de proximité ».

la mise en place de l'institution était « déplorable » en raison de la formation insuffisante des juges et de la désorganisation des tribunaux d'instance. Dans une lettre adressée au garde des Sceaux le 6 septembre 2004, le syndicat de la magistrature (S.M.) s'inquiéta que : « dans le domaine de la consommation, ces juridictions se voient chargées d'un contentieux à forte technicité dans lequel l'office du juge est particulièrement important ». Malgré l'hostilité des professionnels du monde judiciaire, la loi étendant les compétences de la juridiction de proximité fut adoptée définitivement par le Sénat en deuxième lecture le 22 décembre 2004.

Il convient donc d'examiner précisément la teneur de cette loi. Si celle-ci apporte d'importantes innovations concernant le statut de la juridiction de proximité (Titre 1), le statut des juges (Titre 2), n'a en revanche fait l'objet d'aucune modification.

Libération, 24 septembre 2004, « Levée de boucliers contre les juges de proximité ».

Le Monde, 15 septembre 2004, « Le projet d'extension des compétences des juges de proximité suscite un tollé chez les magistrats ».

Communiqué du syndicat de la magistrature du 2 septembre 2004 : « L'extension des compétences des juges de proximité : une nouvelle étape dans le démantèlement de la justice ».

TITRE 1 : LE STATUT DE LA JURIDICTION DE PROXIMITE

Si la loi du 26 janvier 2005 n'affecte ni le mode d'organisation de la juridiction de proximité (Chapitre 1) ni la procédure suivie devant l'institution (Chapitre 3), elle modifie de manière substantielle les compétences de la juridiction (Chapitre 2).

Chapitre 1. L'organisation de la juridiction de proximité

La création des juridictions de proximité concrétise la mise en place d'un nouvel ordre de juridiction institué par l'article L.331-1 du code de l'organisation judiciaire issu de la loi du 9 septembre 2002. Ce nouvel ordre de juridiction vient donc s'ajouter au paysage institutionnel français. Pourtant, cette juridiction présente un caractère hybride au niveau de ses règles d'organisation car elle se trouve placée sous la tutelle d'une autre juridiction dont elle emprunte déjà les règles de procédure : le tribunal d'instance.

Ce particularisme se manifeste d'une part, dans l'organisation de l'activité et des services (Section 1) et d'autre part, dans le déroulement des audiences (Section 2).

Section 1. L'organisation de l'activité et des services

§ 1. Une implantation géographique calquée sur celle du tribunal d'instance

Conformément à l'article L.331-6 du code de l'organisation judiciaire, le siège et le ressort des juridictions de proximité sont fixés par décret en Conseil d'Etat[51]. On retrouve ici les règles applicables pour les tribunaux d'instance et de grande instance. Le siège des juridictions de proximité est celui du tribunal d'instance qui s'étend en moyenne sur dix cantons et prend en principe pour référence l'arrondissement.

Ainsi, les juridictions de proximité n'ont donc pas de proximité géographique supérieure à celle du tribunal d'instance. Le législateur n'a pas souhaité, comme cela était le cas au XIXe siècle,

---

[51] L'article R.331-4 du code de l'organisation judiciaire renvoie au tableau V bis annexé dudit code.

pour les juges de paix, instituer une juridiction par canton car, en raison du dépeuplement des zones rurales dès le début du XXe siècle, une telle répartition se serait révélée inutile.

§ 2. Une mutualisation des moyens financiers et humains

L'article R.811-7 du code de l'organisation judiciaire modifié par le décret du 23 juin 2003 prévoit que le greffe des juridictions de proximité est assuré par les secrétariats-greffe des tribunaux d'instance. Il existe donc une mutualisation des moyens financiers et humains des juridictions de proximité et d'instance, qui partagent les mêmes locaux et le même personnel.

§ 3. L'administration de la juridiction de proximité par le juge directeur du tribunal d'instance

Aux termes de l'article 41-18 nouveau de l'ordonnance du 22 décembre 1958 : « le magistrat du siège du tribunal de grande instance chargé de l'administration du tribunal d'instance organise l'activité et les services de la juridiction de proximité. Il fixe par une ordonnance annuelle la répartition des juges de proximité dans les différents services de la juridiction ». Dans sa décision du 20 janvier 2005, le Conseil constitutionnel a considéré que les dispositions de l'article 41-18 ne revêtaient pas un caractère organique mais a cependant précisé qu'elles ne méconnaissaient pas l'indépendance des juges de proximité et n'étaient contraires à aucune norme constitutionnelle.

Ce texte s'inspire du droit commun de l'organisation judiciaire. En effet, l'article L.710-1 du code de l'organisation judiciaire confie aux chefs de juridiction le soin de fixer dans une ordonnance annuelle, dite « de roulement », la répartition des juges dans les différents services de la juridiction. Une même juridiction de proximité pouvant comporter plusieurs juges, il convient d'assurer leur répartition de façon la plus propice à une bonne administration de la justice. Comme le notait le garde des Sceaux devant le parlement, cette répartition peut difficilement être le fait des juges de proximité eux-mêmes, qui exercent leurs fonctions de façon temporaire et intermittente[52].

Initialement, l'article 41-18 avait fait l'objet d'un amendement déposé au Sénat par le gouvernement prévoyant que les juges de proximité seraient répartis au sein de leur juridiction par le président du tribunal de grande instance. Lors de la présentation de l'amendement à l'origine de l'article, le garde des Sceaux Dominique PERBEN avait justifié le choix de confier la répartition au président du tribunal de grande instance par le fait qu'il aurait « le recul suffisant » et « une vision globale de l'ensemble de son ressort ». Mais compte tenu des relations étroites entre le tribunal d'instance et la juridiction de proximité, l'Assemblée nationale a jugé préférable de confier l'organisation de l'activité et des services de la juridiction de proximité au magistrat du siège du tribunal de grande instance chargé de l'administration du tribunal d'instance dans le ressort duquel se trouve la juridiction de proximité, plutôt qu'au président du tribunal de grande instance, plus éloigné du terrain[53].

Le juge directeur du tribunal d'instance procède également à l'installation en séance publique des juges de proximité[54].

En outre, selon l'article R.321-44 alinéa 1 du code de l'organisation judiciaire, il détermine, pendant la première quinzaine du mois qui précède l'année judiciaire et après avis des chefs du tribunal de grande instance, le nombre, le jour et la nature des audiences du tribunal d'instance et de la juridiction de proximité.

---

[52] V. infra Titre 2 Chapitre 1.

[53] Toutefois, conformément à l'article R.311-38-1 du code de l'organisation judiciaire inséré par le décret du 23 juin 2003, le président et le procureur de la République du tribunal de grande instance procèdent à l'inspection des juridictions de proximité de leur ressort. Par ailleurs, ils s'assurent, chacun en ce qui le concerne, de la bonne administration des services judiciaires et de l'expédition normale des affaires et peuvent respectivement déléguer ces pouvoirs pour des actes déterminés à des magistrats du siège ou du parquet placés sous leur autorité. Enfin, ils rendent compte de leurs constatations ou de celles qui ont été faites par les magistrats qu'ils ont délégués au premier président ou au procureur général.

[54] Article R.331-5 du code de l'organisation judiciaire.

Par ailleurs, ainsi que le prévoit l'article R.331-6 du code de l'organisation judiciaire, il est destinataire annuellement du rapport général d'activité élaboré par chaque juge de proximité de son ressort[55].

Enfin, il préside l'assemblée des magistrats du siège et du parquet[56] ainsi que celle des magistrats du siège, créées dans les juridictions de proximité comportant un effectif d'au moins trois juges de proximité[57].

Section 2. Le déroulement des audiences

Aux termes de l'article L.331-7 du code de l'organisation judiciaire, la juridiction de proximité statue à juge unique. Or, cette règle s'applique déjà devant le tribunal d'instance[58]. Elle s'explique par une recherche de la simplicité et de la célérité des procédures. Cependant, le principe de collégialité apporte une garantie supplémentaire dans la mesure où il fait de la décision, le résultat d'une discussion et non l'expression d'une volonté unique[59].

Par ailleurs, le juge de proximité peut tenir des audiences foraines en tout lieu public approprié (article L.331-8). L'article R.321-44 alinéa 2 du code de l'organisation judiciaire précise à ce sujet que le magistrat chargé de la direction et de l'administration du tribunal d'instance fixe par ordonnance, en fonction des nécessités locales et après avis des chefs du tribunal de grande instance,

---

[55] Ce rapport est soumis pour avis, lorsqu'elle existe, à l'assemblée des magistrats du siège et du parquet du tribunal d'instance à laquelle les juges de proximité sont invités à participer (art.R.762-3 du code de l'organisation judiciaire).

[56] Cette assemblée émet un avis sur le nombre, le jour et la nature des audiences et sur les questions intéressant le fonctionnement interne de la juridiction. Elle doit également procéder à des échanges de vue sur l'activité de la juridiction et étudier l'évolution de la jurisprudence.

[57] Art. R.762-9, R.762-10 et R.762-11 du code de l'organisation judiciaire.

[58] Article L.321-4 du code de l'organisation judiciaire.

[59] Si dans les dernières années le législateur a eu tendance à multiplier les cas de recours au juge unique, comme dans les loi du 29 février 1972 et du 8 février 1995, le Conseil constitutionnel, dans une décision du 23 juillet 1975, a interdit la généralisation de ce procédé à tous les délits.

le lieu, le jour et la nature des audiences que peut tenir la juridiction de proximité en tout lieu public approprié autre que celui où est fixé son siège. Ces audiences peuvent se tenir à la mairie ou à la mairie d'arrondissement avec l'accord du maire, ainsi que dans les maisons de justice et du droit et tout local ouvert au public et aménagé à cet effet.

La possibilité de tenir des audiences foraines vise à favoriser le rapprochement géographique. Toutefois, cette règle ne constitue pas une innovation car la loi du 8 février 1995[60] a inséré un article L.7-10-1-1 dans le code de l'organisation judiciaire en vertu duquel : « les juridictions de l'ordre judiciaire peuvent tenir des audiences foraines dans des conditions fixées par décret en Conseil d'Etat ».

Enfin, selon l'article L.331-9 du code de l'organisation judiciaire, en cas d'absence ou d'empêchement du juge de proximité ou lorsque le nombre de juges de proximité se révèle insuffisant, les fonctions de ce juge sont exercées par un juge du tribunal d'instance, désigné à cet effet par ordonnance prise par le président du tribunal de grande instance. Le juge d'instance exerce toutefois de plein droit, en cette qualité, les fonctions de juge de proximité lorsque aucun juge de proximité n'a été affecté au sein de la juridiction de proximité.

Conclusion

La tenue des greffes des juridictions de proximité par les secrétariats-greffe des tribunaux d'instance augmente considérablement le travail de ces derniers. Autrement dit, si le tribunal d'instance a vocation à être déchargé d'une partie de ses tâches par la création des juridictions de proximité, son greffe ne l'est pas et voit même son activité augmenter sensiblement. Il conviendrait donc de renforcer le nombre de greffiers dans les tribunaux d'instance, sous peine de perdre dans le traitement

---

[60] Loi n°95-125 du 8 février 1995 (art. 3).

administratif des dossiers, le temps censé être gagné par le juge de proximité dans son activité juridictionnelle[61].

Certes, ainsi que l'a souligné M. SCHOETTL, le lien ainsi directement établi entre le tribunal d'instance et la juridiction de proximité est de bonne administration. Il est en effet de nature à prévenir le danger, souvent invoqué lors des débats parlementaires et dans les milieux judiciaires, de voir les juges de proximité se « déconnecter » des juges d'instance alors qu'ils ont à traiter d'affaires souvent proches juridiquement (même si elles portent sur des enjeux financiers moins importants), qu'ils pourront leur renvoyer des dossiers difficiles[62] et qu'ils devront faire appel aux mêmes moyens logistiques.

Cependant, la mutualisation des moyens financiers et humains des tribunaux d'instance et des juridictions de proximité pourrait être le premier pas vers une fusion du tribunal d'instance et du tribunal de grande instance. Déjà évoquée au cours des entretiens de Vendôme en juin 2001[63], cette fusion aboutirait à la création d'un tribunal de première instance regroupant le tribunal d'instance et le tribunal de grande instance. Autrement dit, le mouvement amorcé avec le tribunal d'instance et la juridiction de proximité pourrait s'inscrire dans une démarche plus globale de création d'un « futur tribunal de première instance afin de parvenir

---

[61] En ce sens, V. également le rapport du groupe de travail sur les juridictions de proximité de novembre 2005 qui relève que « le greffe doit assumer la multiplication et l'allongement de la durée des audiences, prêter une attention plus soutenue durant l'audience et lors de la relecture des décisions dont il peut avoir à assurer la frappe. Il est amené parfois à remplir un rôle d'assistance juridique auprès des juges de proximité (89 juges de proximité - soit 29% de ceux ayant répondu au questionnaire - indiquent avoir sollicité l'aide des greffiers) ». Le rapport estime qu'il est donc « impératif à la survie de cette nouvelle juridiction de renforcer, de manière significative, les effectifs du greffe ».

[62] V. infra Chapitre 3.

[63] La démarche des entretiens de Vendôme repose sur une consultation ouverte tant à la Chancellerie qu'autour de chaque cour d'appel ou tribunal de grande instance. Visant à améliorer le fonctionnement des juridictions, elle a donné lieu à l'élaboration d'un rapport de synthèse sous la direction de M. COLLOMP, inspecteur des services judiciaires et remis à Mme LEBRANCHU en juin 2001.

à une gestion plus cohérente des juridictions de grande instance et de proximité »[64].

[64] Ce point est d'ailleurs expressément envisagé dans le rapport n°370 (2001-2002) de MM. les sénateurs Jean-Pierre SCHOSTECK et Pierre FAUCHON, fait au nom de la commission des lois au Sénat, déposé le 24 juillet 2002 (p.30).

Chapitre 2. Les compétences de la juridiction de proximité

L'essentiel des compétences de la juridiction de proximité est défini par « prélèvement » sur celles du tribunal d'instance et de police. Avant même la fixation des modalités de recrutement des juges de proximité et l'adoption de leur statut, le législateur a déterminé le champ de compétence de la nouvelle juridiction, avec pour particularité de réunir au sein d'une même juridiction des compétences en matière civile et en matière pénale.

Mais estimant qu'une montée en puissance des juridictions de proximité était nécessaire pour « répondre aux objectifs d'une justice plus proche du citoyen », le législateur a décidé d'étendre les compétences de la juridiction de proximité en matière civile (Section 1) et de redéfinir ses attributions en matière pénale (Section 2).

Section 1. L'extension des compétences en matière civile

En matière civile, la juridiction de proximité se voit dotée d'une compétence élargie avec la loi du 26 janvier 2005 notamment par le relèvement de son taux de compétence concernant les actions personnelles ou mobilières. Le Conseil constitutionnel, dans sa décision du 29 août 2002[65], avait subordonné la constitutionnalité de la création des juridictions de proximité à la condition qu'elles ne reçoivent qu'une part limitée des compétences dévolues aux tribunaux d'instance et de police. Dans son avis du 19 septembre 2003[66], le Conseil supérieur de la magistrature,

---

[65] Décision n° 2002-461 DC du 29 août 2002 relative à la loi d'orientation et de programmation pour la justice. J.O. n° 211 du 10 septembre 2002, page 14953.

[66] Avis du Conseil supérieur de la magistrature du 19 septembre 2002 sur le projet de loi organique déterminant le statut des juges de proximité. Annexe au rapport annuel 2003 du Conseil supérieur de la magistrature.

prenant acte de ce que le projet de loi organique faisait référence à cette nécessaire limitation des fonctions des juges de proximité, avait alors attiré l'attention sur le fait que toute extension des compétences des juges de proximité risquerait de remettre en cause la constitutionnalité de ce nouvel ordre de juridiction.

La loi du 26 janvier 2005 fut déférée au Conseil constitutionnel par 60 députés et sénateurs[67]. Selon les requérants, un tel élargissement des compétences de la juridiction de proximité méconnaissait l'article 64 de la Constitution ainsi que le principe d'égalité devant la justice et était entaché d'une disproportion manifeste. Cependant, les 9 sages rejetèrent l'argumentation des auteurs de la saisine. Après avoir rappelé que l'article 64 de la Constitution n'interdit pas, par lui-même, d'accroître les compétences des juridictions de proximité, dont les membres ne sont pas des magistrats de carrière, dès lors que la part de ces compétences demeure limitée au regard de celles qu'exercent les tribunaux d'instance, le Conseil constitutionnel estima que : « la part dévolue à la juridiction de proximité restait limitée par rapport à celle exercée par les tribunaux d'instance, au regard du nombre, de la complexité et de la nature des affaires civiles en cause ».

Alors que les compétences ratione personae (§ 1) et ratione materiae (§ 2) de la juridiction de proximité en matière civile ont fait l'objet de modifications substantielles avec l'adoption de la loi du 26 janvier 2005, la compétence ratione loci (§ 3) reste inchangée.

§ 1. La compétence ratione personae

Si la juridiction de proximité avait une compétence ratione personae très restreinte avant l'entrée en vigueur de la loi du 26 janvier 2005 (A), la nouvelle loi élargit considérablement les catégories de justiciables pouvant la saisir (B).

---

[67] Décision n°2004-510 DC du 20 janvier 2005 relative à la loi sur les compétences du tribunal d'instance, de la juridiction de proximité et du tribunal de grande instance.

A. La compétence ratione personae avant la loi du 26 janvier 2005

L'une des particularités de l'action devant la juridiction de proximité résidait dans sa limitation à une catégorie de justiciables : les personnes physiques pour les besoins de leur vie non professionnelle. En effet, l'article L.331-2 alinéa 1 du code de l'organisation judiciaire prévoyait qu'en matière civile, la juridiction de proximité connaissait en dernier ressort des actions personnelles mobilières dont elle était saisie par une personne physique pour les besoins de sa vie non professionnelle.

Etaient donc exclues les demandes formées par des commerçants, entrepreneurs individuels ou personnes morales (en particulier celles des plaideurs institutionnels tels que les banques et les fournisseurs d'électricité ou de services téléphoniques). Ceux-ci continuaient donc de porter leurs actions contre leurs clients (jusqu'à la somme de 7600 euros) devant le tribunal d'instance. En outre, les personnes physiques ne pouvaient agir que pour les besoins de leur vie personnelle ou familiale, jamais pour défendre des intérêts professionnels ou commerciaux.

Cette double limitation était justifiée par « le souci de ne pas détourner le juge de proximité de sa mission première qui devait concerner au premier chef les seules personnes physiques »[68]. Mais elle marquait surtout l'esprit de l'institution, à savoir qu'elle était réservée aux litiges domestiques. Autrement dit, il s'agissait d'alléger la tâche des magistrats de carrière en renvoyant devant le juge de proximité tous les « petits litiges », parmi lesquels l'important contentieux des litiges de consommation devenu un contentieux de masse. Selon Raymond MARTIN, l'action étant fermée aux sociétés et aux professionnels, on se rapprochait du « plaideur consommateur ». Ainsi, étaient visés non seulement les litiges entre particuliers mais aussi ceux surgissant de contrats de consommation.

---

[68] Exposé des motifs à l'occasion de la présentation du projet de loi d'orientation et de programmation pour la justice devant le Sénat. Séance du 17 juillet 2002.

Une telle limitation pouvait cependant susciter plusieurs critiques.

D'abord, l'exclusion des professionnels de l'accès à la juridiction de proximité n'était pas sans retirer de l'effectivité à la juridiction de proximité. Ainsi qu'ont pu le faire valoir certains auteurs[69], en n'ouvrant pas aux professionnels le contentieux de masse du recouvrement des créances demandant à être évacué rapidement, notamment par la voie de l'injonction de payer, la nouvelle institution voyait lui échapper une part importante des litiges portés devant les tribunaux d'instance. En effet, ceux-ci continuaient de traiter les procédures d'impayés diligentées la plupart du temps par les demandeurs institutionnels, aux fins de délivrance de titres exécutoires.

Ensuite, un même litige pouvait relever de la compétence de juridictions différentes selon que le justiciable était constitué en demande ou en défense. En effet, pour une même affaire, si le demandeur était une personne morale ou une personne physique agissant pour les besoins de sa vie professionnelle, le justiciable constitué en défense se trouvait privé de l'accès à la juridiction de proximité. Il en résultait ainsi une différence de traitement entre le consommateur demandeur en justice, dont l'action relevait de la juridiction de proximité et le consommateur assigné en justice par le commerçant qui relevait du tribunal d'instance.

Tenant compte de l'ensemble de ces critiques, le législateur a supprimé cette limitation dans la loi du 26 janvier 2005.

B. La compétence ratione personae après l'entrée en vigueur de la loi du 26 janvier 2005

Désormais, la juridiction de proximité est compétente pour traiter des litiges concernant les personnes physiques comme les personnes morales que ce soit pour les besoins de leur vie professionnelle ou non professionnelle. En effet, le nouvel article L.331-2 du code de l'organisation judiciaire tel que modifié par l'article 3

---

[69] Voir notamment MARTIN, Raymond. *La juridiction de proximité*. Aix-en-Provence : Edilaix, 2004, p.11-12.

de la loi du 26 janvier 2005 dispose que : « sous réserve des dispositions législatives et réglementaires fixant la compétence particulière des autres juridictions, la juridiction de proximité connaît en matière civile, en dernier ressort, des actions personnelles ou mobilières jusqu'à la valeur de 4000 euros (...) ».

Dans sa décision du 20 janvier 2005 précitée, le Conseil constitutionnel a considéré que cette faculté nouvelle permettant aux personnes morales de saisir la juridiction de proximité « n'affectait pas l'office du juge de proximité et ne portait atteinte ni aux droits de la défense, ni au principe du procès équitable garanti par l'article 16 de la Déclaration des droits de l'homme et du citoyen de 1789 » au motif que « ces personnes pouvaient déjà intervenir devant elle en défense ».

Si la compétence ratione personae a fait l'objet de retouches importantes, la compétence ratione materiae a également été profondément modifiée.

§ 2. La compétence ratione materiae

Les règles de compétence d'attribution de la juridiction de proximité commandent de distinguer entre la compétence sur la demande principale (A) et celle sur les demandes incidentes (B).

A. Compétence d'attribution quant à la demande principale

En matière civile, la juridiction de proximité se voit dotée d'une compétence d'attribution délimitée par l'article L.331-2 du code de l'organisation judiciaire, qui a fait l'objet d'une réécriture par la loi du 26 janvier 2005, ainsi que par les articles L.331-2-1 et L.331-2-2 du même code.

La juridiction de proximité connaît des actions personnelles ou mobilières jusqu'à la somme de 4000 euros et des demandes indéterminées qui ont pour origine l'exécution d'une obligation dont le montant n'excède pas 4000 euros (1), de l'homologation des accords de conciliation (2) et, en matière de baux d'habitation, des actions en restitution de dépôts de garanties jusqu'à la valeur de 4000 euros (3).

S'agissant des injonctions de payer et de faire, elle seront traitées dans le chapitre 3 car la loi du 26 janvier 2005 les considère désormais comme des règles de procédure et non comme des compétences de la juridiction de proximité[70].

1. Les actions personnelles ou mobilières

Il convient ici de s'arrêter sur la notion d'actions personnelles ou mobilières (a), sur son évaluation (b) et sur l'articulation des compétences entre la juridiction de proximité et le tribunal d'instance (c).

a) La notion d'actions personnelles ou mobilières

Les actions personnelles permettent de demander la reconnaissance ou la sanction du droit subjectif d'exiger d'une personne une prestation. Le droit personnel est synonyme de droit de créance. Les actions mobilières sanctionnent quant à elles un droit personnel ou réel portant sur un meuble ou une créance[71].

Avant l'adoption de la loi du 26 janvier 2005, l'ancien article L.331-2 donnait compétence à la juridiction de proximité pour les actions personnelles mobilières. Une difficulté d'interprétation avait alors été soulevée s'agissant du choix par le législateur d'utiliser l'expression « actions personnelles mobilières ». En effet, en accolant les termes « personnelles mobilières », il était possible de penser que les actions devaient être cumulativement

[70] Note de la direction des services judiciaires du 28 janvier 2005 relative à la mise en œuvre de la loi n°2005-47 du 26 janvier 2005.

[71] Parmi les actions relevant de la compétence de la juridiction de proximité, l'exposé des motifs de la loi du 9 septembre 2002 citait, à titre d'exemples les actions en exécution d'une obligation de faire, telle que la livraison d'un meuble ou les actions en réparation d'un petit préjudice comme un trouble de voisinage. Plus largement, selon Serge GUINCHARD (*Droit et pratique de la procédure civile*. Paris : Dalloz, 2004, 4ième éd., coll. Dalloz action, p. 105) peuvent être engagées devant la juridiction de proximité toutes les actions de nature contractuelle, les actions en paiement, les actions en responsabilité délictuelle ou contractuelle, dès lors qu'elles ne relèvent pas de la compétence exclusive d'une autre juridiction.

personnelles et mobilières[72]. Cependant, plusieurs auteurs avaient fait valoir un oubli du législateur dans la rédaction de la disposition litigieuse.

La loi du 26 janvier 2005 vient désormais lever toute ambiguïté en donnant compétence à la juridiction de proximité pour connaître des actions personnelles ou mobilières. Par conséquent, les 3 juridictions se partagent désormais une compétence générale qui constitue un bloc unitaire à savoir, les actions civiles, personnelles ou mobilières.

b) L'évaluation de l'action personnelle ou mobilière

Le nouvel article L.331-2 alinéa 1 du code de l'organisation judiciaire distingue deux hypothèses dans lesquelles la juridiction de proximité est compétente pour les actions personnelles ou mobilières.

1°) La valeur de l'action personnelle ou mobilière est déterminée et n'excède pas la somme de 4000 euros

Avant l'entrée en vigueur de la loi du 26 janvier 2005, la juridiction de proximité était compétente pour les actions personnelles mobilières jusqu'à la valeur de 1500 euros. La nouvelle loi vient porter ce seuil de compétence à 4000 euros.

L'augmentation du taux de compétence de la juridiction de proximité s'est accompagnée d'une réévaluation de celui du tribunal d'instance, passant de 7600 à 10000 euros. En effet, le nouvel article L.321-2 du code de l'organisation judiciaire dispose que : « sous réserve des dispositions législatives ou réglementaires fixant la compétence particulière des autres juridictions, le tribunal d'instance connaît, en matière civile, à charge d'appel, de toutes

---

[72] Ce qui excluait la compétence du juge de proximité pour les actions immobilières pétitoires ou possessoires ainsi que pour les actions réelles mobilières (comme par exemple, les actions en revendication d'un meuble perdu).

actions personnelles ou mobilières jusqu'à la valeur de 10000 euros »[73].

Au lendemain de l'adoption de la loi du 9 septembre 2002 instituant les juridictions de proximité, plusieurs auteurs avaient soulevé la complexification des compétences entre les juridictions. Certes, en matière d'actions personnelles ou mobilières, 3 tribunaux se partagent toujours la connaissance des affaires avec la loi du 26 janvier 2005. Leur compétence respective s'articule autour de deux taux. Entre le tribunal de grande instance et le tribunal d'instance, il s'élève à 10000 euros (contre 7600 euros auparavant). Quant au taux de compétence permettant de répartir les affaires entre le tribunal d'instance et le juge de proximité, il se monte à 4000 euros. Cependant, le justiciable n'a désormais plus à tenir compte de la compétence ratione personae de la juridiction de proximité.

2°) La valeur de l'action personnelle ou mobilière n'est pas déterminée mais a pour origine l'exécution d'une obligation dont le montant n'excède pas 4000 euros

L'article L.331-2 alinéa 1 dans sa rédaction initiale conférait compétence à la juridiction de proximité pour connaître des actions personnelles mobilières indéterminées ayant pour origine l'exécution d'une obligation dont le montant n'excédait pas 1500 euros. Désormais, la loi du 26 janvier 2005 relève ce taux à 4000 euros[74]. Au-delà, le nouvel l'article L.321-2 du code de l'organisation judiciaire donne compétence au tribunal d'instance pour connaître, à charge d'appel, des demandes indéterminées qui ont pour origine l'exécution d'une obligation dont le montant n'excède pas 10000 euros.

La formule employée par le législateur vise essentiellement à permettre à un justiciable de saisir le juge de proximité lorsqu'il se

[73] Cette évolution est la conséquence de l'augmentation du seuil de compétence de la juridiction de proximité. En outre, elle répond au souci d'actualiser les taux de compétence des juridictions à intervalles réguliers pour tenir compte de l'inflation.

[74] Sont notamment visées les demandes en annulation ou en résolution d'une vente d'un montant maximum de 4000 euros.

trouve confronté à un problème de malfaçons suite à des travaux réalisés par un artisan ou encore lorsqu'il a fait l'acquisition d'un bien affecté de vices cachés. Dans ces hypothèses, le montant de l'obligation à l'origine du litige est connu mais le montant de la demande est difficilement chiffrable. Or, avant l'entrée en vigueur de la loi du 9 septembre 2002, les actions personnelles mobilières dont la valeur n'était pas déterminée relevaient du tribunal de grande instance et les particuliers, qui devaient constituer avocat, étaient peu enclins à les exercer lorsque le montant du litige était faible. L'article L.331-2 précité permet donc aux justiciables de saisir le juge de proximité pour de telles actions et de bénéficier ainsi de la procédure simplifiée applicable devant la nouvelle juridiction[75].

c) L'articulation des compétences entre la juridiction de proximité et le tribunal d'instance

L'article 4 de la loi n°2005-47 du 26 janvier 2005 insère un article L.331-2-2 dans le code de l'organisation judiciaire en vertu duquel : « les compétences particulières de la juridiction de proximité en matière civile sont fixées par décret en Conseil d'Etat ».

Or, le nouvel article R.331-1 du code de l'organisation judiciaire, tel que modifié par le décret du 13 mai 2005, dispose que : « dans les conditions fixées par l'article L.331-2, la juridiction de proximité connaît des actions personnelles ou mobilières, notamment celles prévues aux articles R.321-3 à R.321-16, à l'exception de celles prévues à l'article R.321-15 ». La référence à l'article L.331-2 signifie donc que seules les actions personnelles ou mobilières jusqu'à la valeur de 4000 euros figurant dans les dispositions citées, entrent dans le cadre de la compétence de la juridiction de proximité.

Quant aux actions non visées par la liste, elles relèvent également du juge de proximité dès l'instant où elles répondent à ces mêmes critères. En effet, l'utilisation de l'adverbe « notamment » signifie que la liste donnée n'est pas exhaustive. Elle ne constitue qu'une grille de lecture indicative et permet ainsi d'englober dans

---

[75] Cf. infra, Partie I, Chapitre 3.

la compétence de la nouvelle juridiction les cas prévus par d'autres textes que ceux du code de l'organisation judiciaire.

Toutefois, la loi du 26 janvier 2005 vient limiter l'interprétation extensive de l'article R.331-1. En effet, avant l'entrée en vigueur de la loi nouvelle, la juridiction de proximité était compétente pour les actions entre bailleurs et locataires (article R.321-2 du code de l'organisation judiciaire), à l'exception des baux à loyer d'immeubles à usage commercial, industriel ou artisanal, les actions entre voisins, autres que possessoires et en bornage. De même, en dépit des controverses doctrinales, pour les litiges relatifs à des crédits à la consommation inférieurs à 1500 euros, la juridiction de proximité était compétente (l'article D.311-1 du code de la consommation donnant compétence au tribunal d'instance pour des crédits d'un montant maximale de 21500 euros et le tribunal de grande instance étant compétent au-delà de cette somme)[76].

La loi du 26 janvier 2005 réserve désormais certaines matières techniques au tribunal d'instance par dérogation à la compétence générale des juridictions de proximité dans le domaine des actions personnelles ou mobilières. Ainsi, sont exclus du champ de compétence de la juridiction de proximité : les litiges concernant les baux d'habitation à l'exclusion des actions en restitution de dépôts de garanties d'une valeur n'excédant pas 4000 euros (V. infra C) et les affaires de crédit à la consommation. En effet, selon l'article L.321-2-3 du code de l'organisation judiciaire : « le tribunal d'instance connaît, en dernier ressort jusqu'à la valeur de 4000 euros, et à charge d'appel lorsque la demande excède cette somme ou est indéterminée, des actions relatives à l'application du chapitre Ier du titre Ier du livre III du code de la consommation ». Selon les travaux parlementaires, la compétence exclusive du

---

[76] V. rapport n°66 (2004-2005) de M. le sénateur Pierre FAUCHON, fait au nom de la commission des lois au Sénat, déposé le 17 novembre 2004 : alors que certains auteurs ont pu considérer que la juridiction de proximité n'avait aucune compétence en matière de crédit à la consommation, le contraire ressort clairement à la page 32.

tribunal d'instance en matière de crédit à la consommation s'explique par « la trop grande technicité de la matière »[77].

Cependant, la rédaction de l'article R.331-1 semble être de nature à provoquer des difficultés d'application. Les règles de la compétence civile de la juridiction de proximité par renvoi à celles de la compétence du tribunal d'instance vont entraîner, au gré de la pratique, une casuistique qui ne peut aller sans indécisions et complications procédurales.

2. L'homologation des accords de conciliation

La compétence de la juridiction de proximité pour l'homologation des accords de conciliation, qui figurait auparavant à l'article L.331-2 alinéa 3, est maintenue et se trouve même élargie par la loi nouvelle.

En vertu de l'article L.331-2 alinéa 2 du code de l'organisation judiciaire : « la juridiction de proximité connaît aussi dans les mêmes conditions, en vue de lui donner force exécutoire, de la demande d'homologation du constat d'accord formée par les parties, à l'issue d'une tentative préalable de conciliation menée en application de l'article 21 de la loi n°95-125 du 8 février 1995 relative à l'organisation des juridictions et à la procédure civile, pénale et administrative »[78]. Ce texte vise donc à confier au juge de proximité l'homologation de certains accords obtenus par les conciliateurs de justice.

Le renvoi aux conditions prévues au 1er alinéa de l'article L.331-2 permet désormais à la juridiction de proximité de

[77] Rapport n°1971 du 2 décembre 2004 de M. le député Jean-Paul GARRAUD fait au nom de la commission des lois constitutionnelles, de la législation et de l'administration générale de la république sur la proposition de loi, adoptée par le Sénat (n°1957), relative aux compétences du tribunal d'instance, de la juridiction de proximité et du tribunal de grande instance.

[78] Cet article s'inscrit dans le cadre des nouveaux modes alternatifs de règlement des conflits et permet au juge de désigner, avec l'accord des parties une tierce personne pour procéder soit aux tentatives préalables de conciliation prévues par la loi (sauf en matière de divorce ou de séparation de corps) soit à une médiation, en tout état de la procédure et y compris en référé, pour tenter de parvenir à un accord entre les parties.

connaître, à l'issue d'une tentative préalable de conciliation, des demandes d'homologation du constat d'accord formé par les parties dès lors que ces demandes se rapportent à des constats d'accord mis en forme à partir de litiges concernant des actions personnelles ou mobilières jusqu'à la valeur de 4000 euros ou d'une valeur indéterminée mais qui ont pour origine l'exécution d'une obligation dont le montant n'excède pas 4000 euros[79].

Le renvoi effectué par l'article L.331-2 alinéa 2 à l'article 21 de la loi du 8 février 1995 signifie par ailleurs que le juge de proximité pourra homologuer un constat d'accord mis en forme par un conciliateur de justice désigné par un autre juge, après accord des parties, dans le cadre d'une instance en cours pour procéder soit aux tentatives préalables de conciliation prescrites par la loi (sauf en matière de divorce et de séparation de corps) soit à une médiation, en tout état de la procédure et y compris en référé, pour tenter de parvenir à un accord entre les parties. Il faut toutefois noter que le juge de proximité n'a pas le pouvoir d'homologuer l'accord des parties sous l'égide d'un conciliateur ayant obtenu l'accord sans mission judiciaire préalable sur le fondement du décret n°78-381 du 20 mars 1978.

Il semble important de noter l'attachement particulier du ministère de la justice à cette mission du juge de proximité. En effet, la circulaire du 12 septembre 2003[80] énonce qu'il y a lieu de « rappeler le rôle éminent joué par les conciliateurs de justice et en conséquence de sensibiliser les juges de proximité sur la nécessaire articulation entre la mission qui leur est confiée et celle qui est dévolue aux conciliateurs. Il conviendra d'organiser une rencontre

---

[79] Avant les modifications apportées par la loi du 26 janvier 2005, les seules homologations que pouvait ordonner le juge de proximité se rapportaient à des constats d'accord mis en forme à partir des litiges concernant des actions personnelles mobilières, présentées par des personnes physiques pour les besoins de leur vie non professionnelle, jusqu'à une valeur de 1500 euros, ou d'une valeur indéterminée mais ayant pour origine l'exécution d'une obligation dont le montant n'excédait pas 1500 euros.

[80] Circulaire de la direction des services judiciaires du 12 septembre 2003 relative au fonctionnement des juridictions de proximité. B.O. du ministère de la justice n°91.

entre le ou les juges de proximité dès leur prise de fonction et les conciliateurs de la juridiction ».

3. Les actions en restitution de dépôts de garanties

Après l'article L.331-2 du code de l'organisation judiciaire, la loi du 26 janvier 2005 insère un article L.331-2-1 en vertu duquel : « la juridiction de proximité connaît, en dernier ressort, jusqu'à la valeur de 4000 euros, des actions relatives à l'application de l'article 22 de loi n°89-462 du 6 juillet 1989 tendant à améliorer les rapports locatifs et portant modification de la loi n°86-1290 du 23 décembre 1986 ».

Avant l'entrée en vigueur de la loi du 26 janvier 2005, la juridiction de proximité était dotée d'une compétence en matière de baux d'habitation. En effet, en application de l'article R.331-1 du code de l'organisation judiciaire, la juridiction de proximité connaissait, en dernier ressort et jusqu'à la valeur de 1500 euros, des actions dont le contrat de louage d'immeubles était l'objet, la cause ou l'occasion et celles relatives à l'application de la loi n°48-1360 du 1er septembre 1948, à condition que ces actions soient intentées par des personnes physiques pour les besoins de leur vie non professionnelle[81].

Désormais, le nouvel article L.321-2-1 du code de l'organisation judiciaire transfère au tribunal d'instance l'ensemble des affaires relatives à un contrat de louage d'immeuble, quelle qu'en

---

[81] Au-dessus de 1500 euros et dans le cas où elles étaient intentées par des professionnels, ces actions étaient renvoyées au tribunal d'instance qui statuait en dernier ressort jusqu'à 3800 euros et à charge d'appel lorsque la demande excédait cette somme ou était indéterminée.

soit la valeur[82]. La juridiction de proximité n'a donc plus à connaître de ce type de contentieux. Selon le rapport GARRAUD[83], l'unification du contentieux des contrats de louage dans les mains du juge d'instance est un moyen d'éviter des conflits de compétence susceptibles d'allonger les délais.

La juridiction de proximité n'est donc compétente que pour les actions en restitution de dépôts de garanties d'une valeur n'excédant pas 4000 euros[84]. Néanmoins, cette limitation de compétence ne va pas sans soulever certaines difficultés pratiques. Ainsi que le soulignent plusieurs juges de proximité[85], les avocats semblent hésiter à saisir la juridiction de proximité de ce contentieux dans la mesure où les juges ne savent pas vraiment quelle attitude adoptée en cas de demande reconventionnelle en dehors de leur domaine de compétence (par exemple, si le bailleur invoque des loyers ou charges impayées ou des dégradations). Ce problème avait déjà été soulevé lors des débats parlementaires. Faisant état de la possibilité, pour le propriétaire, de formuler à l'occasion d'un litige portant sur le dépôt de garantie une demande

---

[82] En vertu de ce texte : « sous réserve des dispositions législatives ou réglementaires fixant la compétence particulière des autres juridictions, le tribunal d'instance connaît, en dernier ressort jusqu'à la valeur de 4000 euros, et à charge d'appel lorsque la demande excède cette somme ou est indéterminée, des actions dont un contrat de louage d'immeubles ou un contrat portant sur l'occupation d'un logement est l'objet, la cause ou l'occasion, ainsi que des actions relatives à l'application de la loi n°48-1360 du 1er septembre 1948 portant modification et codification de la législation relative aux rapports des bailleurs et locataires ou occupants de locaux d'habitation ou à usage professionnel et instituant des allocations de logement ».

[83] V. supra note 77.

[84] L'origine de cette disposition se trouve dans un amendement du rapporteur GARRAUD à l'assemblée nationale. Celui-ci craignait en effet que le transfert de l'ensemble des baux d'habitation au tribunal d'instance, représentant 80 % des affaires civiles traitées par la juridiction de proximité, prive cette juridiction d'un contentieux simple qui constitue l'essentiel de son activité actuelle, et aille par conséquent à l'encontre des objectifs de la réforme. Il a précisé que son amendement ne donnait compétence au juge de proximité que pour les dépôts de garantie, le juge d'instance restant compétent pour les litiges portant sur la validité du contrat.

[85] Propos recueillis dans certains questionnaires adressés à des juges de proximité de différents départements.

reconventionnelle, le député Xavier DE ROUX avait ainsi fait valoir qu'il n'était pas toujours possible de distinguer, au sein des litiges de la location d'immeubles, ce qui relève du dépôt de garantie et ce qui met en cause la validité du contrat.

Saisie d'une demande d'avis par la juridiction de proximité de Rochefort, la Cour de cassation a considéré le 10 octobre 2005 que : « la juridiction de proximité, saisie d'une demande afférente à la restitution d'un dépôt de garantie, est compétente pour connaître, dans la limite de 4000 euros, de toute demande reconventionnelle liée à la demande principale ».

B. Compétence quant aux demandes incidentes et moyens de défense

1. Moyens de défense et exceptions

L'article R.331-2 du code de l'organisation judiciaire prévoit une véritable prorogation générale de compétence. Comme toute juridiction, la juridiction de proximité a une compétence générale pour connaître des exceptions et moyens de défense, sous la seule réserve des questions relevant de la compétence exclusive d'une autre juridiction. Si un tel cas se présentait, il s'agirait d'une question préjudicielle obligeant le juge de proximité à surseoir à statuer. Une réserve expresse est cependant posée à l'endroit des questions immobilières pétitoires sur lesquelles le juge de proximité doit relever d'office son incompétence au profit du tribunal de grande instance[86].

Il convient de noter que le décret du 23 juin 2003 instaure une règle similaire pour le tribunal d'instance à l'article R.321-22 du code de l'organisation judiciaire. Toutefois, contrairement à la juridiction de proximité, si l'exception ou le moyen de défense implique l'examen d'une question de nature immobilière pétitoire ou possessoire, le tribunal d'instance pourra se prononcer, mais à charge d'appel.

---

[86] Art. R.331-2 al. 2 du code de l'organisation judiciaire.

2. Demandes incidentes

Le premier réflexe aurait été de se référer aux dispositions communes, et notamment à l'article 51 du nouveau code de procédure civile en vertu duquel : « le tribunal de grande instance connaît de toutes les demandes incidentes qui ne relèvent pas de la compétence exclusive d'une autre juridiction. Les autres juridictions ne connaissent que des demandes incidentes qui entrent dans leur compétence d'attribution ». En application de cet article, le juge de proximité n'aurait connu des demandes incidentes qu'à la condition qu'elles relèvent de sa compétence. Or, une autre voie a été choisie.

En effet, selon l'article R.331-2 du code de l'organisation judiciaire, la juridiction de proximité peut connaître de toutes les demandes incidentes qui ne relèvent pas de la compétence exclusive d'une autre juridiction, sous la réserve expresse toutefois des questions de nature immobilière pétitoire. L'article 51, réglant par une disposition générale la compétence des juridictions quant aux demandes incidentes, se trouve donc écarté à l'endroit des juridictions de proximité. Il en résulte que la compétence du juge de proximité se trouve considérablement étendue par rapport à sa compétence sur la demande principale[87].

§ 3. La compétence ratione loci

L'article R.331-3[88] du code de l'organisation judiciaire dispose que : « la compétence territoriale du juge de proximité en matière civile est déterminée selon les règles applicables au tribunal d'instance ».

---

[87] Notons que l'article R.321-22 du code de l'organisation judiciaire permet également au tribunal d'instance de connaître de toutes les demandes incidentes qui ne soulèvent pas une question relevant de la compétence exclusive d'une autre juridiction.

[88] Article 10 du décret n°2003-542 du 23 juin 2003 relatif à la juridiction de proximité et modifiant le code de l'organisation judiciaire, le nouveau code de procédure civile, le code de procédure pénale (deuxième partie : décrets en Conseil d'Etat) et le décret n°91-1266 du 19 décembre 1991 portant application de la loi n°91-647 du 10 juillet 1991 relative à l'aide juridique. J.O. n°145 du 25 juin 2003, page 10632.

Il faut donc se reporter aux articles R.321-24 à R.321-30 de ce même code. La détermination de la juridiction de proximité compétente obéira le plus souvent au droit commun de la compétence fixé par les articles 42 à 52 du nouveau code de procédure civile, sauf à entrer dans l'un des cas visés par les articles R.321-25 à R.321-30 du code de l'organisation judiciaire.

Section 2. La redéfinition des attributions en matière pénale

Le principe même d'une intervention du juge de proximité en matière répressive a constitué une véritable « pomme de discorde ». La loi du 9 septembre 2002 fut déférée au Conseil constitutionnel par 60 députés et sénateurs. Les requérants firent alors valoir que l'attribution à cette nouvelle juridiction de compétences pénales était contraire à l'article 66 de la Constitution qui réserve aux magistrats de carrière « l'exclusivité de la compétence de juger ». Il était en outre reproché au législateur d'être resté en deçà de sa compétence en renvoyant au pouvoir réglementaire le soin de fixer la liste des infractions ressortissant à la compétence de la juridiction de proximité. Dans leur décision du 29 août 2002[89], les « 9 sages », ont déclaré ces moyens inopérants en estimant que l'article 66 de la Constitution (aux termes duquel « nul ne peut être arbitrairement détenu ; l'autorité judiciaire, gardienne de la liberté individuelle, assurant le respect de ce principe dans les conditions prévues par la loi ») ne s'oppose pas à ce que soient dévolues à la juridiction de proximité des compétences en matière pénale dès lors que ne lui est pas confié le pouvoir de prononcer des mesures privatives de liberté. Or, en n'attribuant à cette juridiction que le jugement de contraventions de police, le législateur a satisfait à cette condition. Par ailleurs, ce dernier n'a pas méconnu l'étendue de sa compétence en confiant à un décret en Conseil d'Etat le soin de préciser celles de ces contraventions qui seront transférées à la juridiction de proximité.

---

[89] Décision précitée n°2002-461 DC du 29 août 2002 « loi d'orientation et de programmation pour la justice ».

Les controverses sur la compétence pénale du juge de proximité ont ressurgi à l'occasion de l'adoption de la loi du 26 janvier 2005 permettant au juge de proximité de connaître de l'ensemble des contraventions des quatre premières classes. Lors de l'examen par le Conseil constitutionnel de la conformité à la Constitution de la loi relative aux compétences du tribunal d'instance, de la juridiction de proximité et du tribunal de grande instance[90], les requérants soutenaient qu'un tel élargissement de la compétence de la juridiction de proximité méconnaissait l'article 64 de la Constitution. Selon le Conseil constitutionnel, si ces dispositions ont pour effet de majorer, toutes classes confondues, la proportion des contraventions dont la juridiction de proximité aura à connaître par rapport à celle traitée par le tribunal de police, seront de la seule compétence de ce dernier les contraventions de cinquième classe. Or, celles-ci sont les plus graves, les plus complexes et les seules susceptibles de faire l'objet d'une inscription au casier judiciaire et d'être prises en compte pour retenir l'état de récidive. De ce fait, la part attribuée à la juridiction de proximité doit être regardée comme limitée par rapport à l'activité des tribunaux de police. Dès lors, le législateur n'a pas confié à la juridiction de proximité des compétences excédant la part limitée que l'article 64 de la Constitution permet de lui attribuer et n'a pas non plus commis d'erreur manifeste d'appréciation en déterminant, comme il l'a fait, ces nouvelles attributions.

La loi du 26 janvier 2005 redéfinit la compétence des juridictions de proximité en matière pénale en leur attribuant le contentieux des quatre premières classes de contraventions (§ 1) et en leur confiant une compétence propre pour la validation de certaines compositions pénales contraventionnelles (§ 2). Mais la plus importante innovation réside dans la possibilité pour le juge de proximité de siéger comme assesseur au sein des formations collégiales du tribunal correctionnel (§ 3).

[90] Décision précitée n°2004-510 DC du 20 janvier 2005 « loi relative aux compétences du tribunal d'instance, de la juridiction de proximité et du tribunal de grande instance ».

§ 1. La juridiction des quatre premières classes de contraventions

Les attributions de la juridiction de proximité en matière pénale concernent aussi bien les contraventions commises par des majeurs (A) que celles commises par des mineurs (B).

A. Les contraventions commises par des majeurs

1. La situation avant la loi du 26 janvier 2005 : le jugement de certaines contraventions des cinq premières classes

La compétence de la juridiction de proximité en matière pénale était déterminée par l'article 706-72 du code de procédure pénale. Selon ce texte, la juridiction de proximité était compétente pour juger des contraventions de police dont la liste était fixée par décret en Conseil d'Etat. Sur ce fondement, le décret du 23 juin 2003 conférait au juge de proximité une compétence en matière pénale non pas générale mais spéciale en énumérant limitativement une série d'infractions contraventionnelles relevant de son ressort (article R.53-40 du code de procédure pénale).

a) La limitation de la compétence aux personnes physiques

L'article 27 du décret du 23 juin 2003 (article R.53-40 du code de procédure pénale abrogé par le décret n°2005-284 du 25 mars 2005) réservait à la connaissance de la juridiction de proximité les seules infractions commises par des personnes physiques. Comme l'ont souligné M.M CHEVALIER et MOUSSA[91], nul doute que les dispositions de l'article L.331-2 du code de l'organisation judiciaire propres à la matière civile aient influencé ce choix.

En cas de poursuites concernant une personne morale, pour les contraventions pour lesquelles la responsabilité pénale de celle-ci était prévue (par exemple celles prévues par l'article R.622-1 du code pénal relatif aux atteintes involontaires à l'intégrité de la personne n'ayant entraîné aucune incapacité de travail ou l'article

---

[91] CHEVALIER, Pierre et MOUSSA, Tony. Le décret relatif à la juridiction de proximité. J.C.P. éd. G., 2003, n°49, chron. 181, p.2129-2134.

R.624-2 de ce code relatif à la diffusion de messages contraires à la décence), la juridiction de proximité n'était pas compétente, seul demeurant compétent le tribunal de police.

En l'absence de précision dans la loi ou le règlement, il convenait de considérer que si une même infraction (figurant dans la liste de l'article R.53-40) était commise à la fois par une personne morale et une personne physique, il était nécessaire d'engager des poursuites pénales distinctes devant le tribunal de police et la juridiction de proximité.

b) La diversité des infractions concernées

L'article R.53-40 du code de procédure pénale inaugurait la compétence pénale du juge de proximité en lui octroyant un panel de contraventions concernant les majeurs de la première à la cinquième classe. Cette disposition fixait de façon limitative la liste des infractions relevant de la nouvelle institution.

La diversité était le maître mot en la matière car le texte distinguait huit grands domaines d'interventions qui relevaient respectivement du code pénal, du code de la route[92], du code de la santé publique[93], du code forestier[94], du code des débits de boissons[95], du décret du 22 mars 1942 relatif à la police des chemins de fer[96], du décret du 27 juin 1996 relatif à la lutte contre la rage[97]

---

[92] Toutes les contraventions des quatre premières classes réprimées par le code de la route sont concernées. A titre d'exemple, on peut citer les contraventions en matière de stationnement, de non-respect de la signalisation dite « stop » ou des feux de signalisation lumineux. Il s'agit ici d'un contentieux de masse, répétitif et ne posant aucune difficulté technique.

[93] Article R.48-2 relatif à la lutte contre les bruits de voisinage et premier alinéa de l'article R.355-28-13 relatif à l'interdiction de fumer dans les lieux affectés à un usage collectif.

[94] Article R.322-5 relatif à la défense et à la lutte contre les incendies et article R.331-3 relatif à la protection de tous bois et forêts.

[95] Contravention réprimée par l'article R.4 du code des débits de boissons et des mesures contre l'alcoolisme et relative à la répression de l'ivresse publique.

[96] Contraventions réprimées par les articles 80-1, 80-2 et 80-3 du décret n°42-730 du 22 mars 1942 sur la police, la sûreté et l'exploitation des voies ferrées et d'intérêt général et local et relatives à la police des chemins de fer.

et du décret du 29 décembre 1999 relatif à la détention de chiens dangereux[98].

Parmi les contraventions réprimées par les articles du code pénal et qui allaient de la première à la cinquième classe, on pouvait opérer une sous-distinction entre les valeurs qu'elles protégeaient : les personnes[99], les biens[100], la nation, l'Etat ou la paix publique[101], et les animaux[102]. Ainsi, l'énumération des contraventions relevant de la juridiction de proximité complexifiait considérablement les règles de répartition des compétences entre le tribunal de police et la juridiction de proximité.

Néanmoins, en dépit de la variété des contraventions concernées, avaient été retenues des contraventions touchant pour l'essentiel le quotidien des justiciables. Cela ne signifiait pas pour autant que les peines prononcées par le juge de proximité étaient anodines. En effet, outre l'amende, il pouvait mettre en œuvre des

---

[97] Contraventions réprimées par l'article 18 du décret n°96-596 du 27 juin 1996 relatif à la lutte contre la rage.

[98] Contraventions réprimées par l'article 8 du décret n°99-1164 du 29 décembre 1999 pris pour l'application du chapitre III du titre II du livre II du code rural et relatives à la détention de chiens dangereux.

[99] Articles du nouveau code pénal : R.622-1 : atteintes involontaires à l'intégrité de la personne n'ayant entraîné aucune incapacité de travail ; R.622-2 : divagation d'animaux dangereux ; R.623-1 : menaces de violences ; R.623-2 : bruits ou tapages injurieux ou nocturnes ; R.623-3 : excitation d'animaux dangereux ; R.624-1 : violences légères ; R.624-2 : diffusion de messages contraires à la décence et R.625-1 : violences ayant entraîné une incapacité totale de travail d'une durée inférieure ou égale à huit jours.

[100] Articles du nouveau code pénal : R.631-1 : menaces de destruction, de dégradation ou de détérioration n'entraînant qu'un dommage léger ; R.632-1 : abandon d'ordures, déchets, matériaux ou autres objets ; R.634-1 : menaces de destruction, de dégradation ne présentant pas de danger pour les personnes ; R.635-1 : destructions, dégradations et détériorations dont il n'est résulté qu'un dommage léger ; R.635-8 : abandon d'épaves de véhicules ou d'ordures, déchets, matériaux et autres objets transportés dans un véhicule.

[101] Articles du nouveau code pénal : R.641-1 : abandon d'armes ou d'objets dangereux ; R.645-12 : intrusion dans les établissements scolaires.

[102] Articles du nouveau code pénal : R.653-1 : atteintes involontaires à la vie ou à l'intégrité d'un animal ; R.654-1 : mauvais traitements envers un animal ; R.655-1 : atteintes volontaires à la vie d'un animal.

mesures privatives ou restrictives de droits telles qu'elles sont prévues à l'article L.131-14 du code pénal pour toutes les contraventions de la cinquième classe (suspension du permis de conduire, immobilisation d'un ou plusieurs véhicules, confiscation d'arme, retrait du permis de chasser,...). Toutes ces mesures pouvaient à la fois se cumuler avec une peine d'amende en application de l'article 131-15 du code pénal et se cumuler entre elles.

2. Les modifications apportées par la loi du 26 janvier 2005

L'article 7 de la loi du 26 janvier 2005 abroge l'article 706-72 du code de procédure pénale et simplifie considérablement les règles de compétence de la juridiction de proximité en matière pénale. En effet, elle connaît désormais des contraventions des quatre premières classes[103]. Quant aux contraventions de la cinquième classe, elles relèvent exclusivement du tribunal de police. Sur ce fondement, l'alinéa 4 de l'article 521 prévoit que le tribunal de police est également compétent en cas de poursuite concomitante d'une contravention relevant de sa compétence avec une contravention connexe relevant de la compétence de la juridiction de proximité.

Cette nouvelle répartition des compétences entre les juridictions de proximité et les tribunaux de police, qui a le mérite d'être claire, est néanmoins assortie d'une exception. En effet, le troisième alinéa de l'article 521 du code de procédure pénale dispose qu' « un décret en Conseil d'Etat peut toutefois préciser les contraventions des quatre premières classes qui sont de la compétence du tribunal de police ».

Or, l'article 5 du décret du 25 mars 2005[104] insère un article R.41-3 dans le code de procédure pénale qui, en application de l'article 521, énumère les contraventions des quatre premières classes relevant de la compétence du tribunal de police. Celles-ci

---

[103] Selon l'article L.131-13 du code pénal, les contraventions de quatrième classe n'excédent pas 750 euros.

[104] Décret n°2005-284 du 25 mars 2005 relatif aux contraventions de diffamation, d'injure et de provocation non publiques à caractère discriminatoire et à la compétence du tribunal de police et de la juridiction de proximité. J.O. n°74 du 30 mars 2005, p.5752.

sont au nombre de 4 : la diffamation non publique prévue par l'article R.621-1 du code pénal (contravention de la première classe), l'injure non publique prévue par l'article R.621-2 du code pénal (contravention de la première classe), la diffamation non publique présentant un caractère raciste ou discriminatoire prévue par l'article R.624-3 du code pénal (contravention de la quatrième classe), l'injure non publique présentant un caractère raciste ou discriminatoire prévue par l'article R.624-4 du code pénal (contravention de la quatrième classe).

La compétence du tribunal de police a donc été maintenue pour ces contraventions dites « de presse », en raison de leur particulière complexité, due au fait qu'elles sont soumises au régime procédural de la loi du 29 juillet 1881 sur la liberté de la presse (notamment à la règle de l'exceptio veritatis applicable en matière de diffamation, à celle de l'excuse de provocation applicable en matière d'injures, à la règle de l'interdiction de requalification, ainsi que, sauf en matière de racisme, aux règles de la prescription abrégée de 3 mois).

B. Les contraventions commises par des mineurs

La compétence pénale de la juridiction de proximité à l'égard des mineurs nécessite d'une part, de s'interroger sur son étendue (1) et d'autre part, sur les controverses qui ont pu prendre naissance à son sujet (2).

1. L'étendue de la compétence

Selon l'article 21 de l'ordonnance n°45-174 du 2 février 1945 relative à l'enfance délinquante tel que modifié par l'article 9 XXXV de la loi du 26 janvier 2005 : « pour les contraventions de police des quatre premières classes relevant du deuxième alinéa de l'article 521 du code de procédure pénale, le juge de proximité exerce les attributions du tribunal de police dans les conditions prévues au présent article ».

Dans son ancienne rédaction, l'article 21 conférait compétence au juge de proximité pour connaître des contraventions de police des quatre premières classes relevant de l'article 706-72 du code de procédure pénale commises par des mineurs. Ainsi, la juridiction de proximité n'était pas compétente pour juger l'ensemble des contraventions des quatre premières classes commises par les mineurs. Seules celles visées par l'article R.53-40 du code de procédure pénale étaient concernées.

La loi du 26 janvier 2005 étend donc la compétence de la juridiction de proximité pour les contraventions des quatre premières classes commises par des mineurs, simplifiant ainsi les règles de compétence.

2. Les controverses

Cette compétence dévolue à la juridiction de proximité a été l'objet de controverses particulières en raison de la spécificité du droit pénal des mineurs. Devant le Conseil constitutionnel, les requérants faisaient valoir qu'en confiant à un magistrat non professionnel le jugement d'infractions commises par les mineurs, cet article méconnaissait les principes constitutionnels propres à la justice des mineurs. Dans leur décision du 29 août précitée, les juges de l'aile Montpensier du palais royal estimèrent que les dispositions critiquées ne portaient pas atteinte aux principes constitutionnels propres à la justice des mineurs au motif que le jugement des contraventions des quatre premières classes commises par des mineurs relève, depuis l'entrée en vigueur de l'ordonnance du 2 février 1945, du tribunal de police. Or, pour les contraventions prévues par le décret mentionné au nouvel article 706-72 du code de procédure pénale, le juge de proximité se substituera au tribunal de police en appliquant les mêmes règles de procédure et de fond. Conformément aux dispositions inchangées sur ce point de l'article 21 de l'ordonnance du 2 février 1945, les mineurs de treize ans ne seront passibles que d'une admonestation. De même, la publicité des débats sera soumise aux restrictions prévues par l'article 14 de la même ordonnance.

Au nom de la conférence des bâtonniers, Franck NATALI a pu faire part de ses réticences face à une intervention des juges de proximité dans la justice pénale notamment concernant les mineurs. Selon lui, ce domaine « doit rester de la compétence du juge des enfants »[105]. Cette critique a été également avancée par les associations de protection de l'enfance[106] et la commission nationale consultative des droits de l'homme[107].

Ces propos méritent toutefois d'être nuancés. En effet, l'article 21 alinéa 1 de l'ordonnance du 2 février 1945 dispose que : « les contraventions de police des quatre premières classes, commises par les mineurs, sont déférées au tribunal de police siégeant dans les conditions de publicité prescrites à l'article 14 pour le tribunal pour enfants ». Ainsi, les contraventions pour lesquelles le juge de proximité est compétent relevaient auparavant non pas du juge des enfants mais du tribunal de police. Le principe de spécialisation ne semble donc pas réellement remis en cause. Il ne s'agit que d'un transfert au juge de proximité, juge non professionnel certes, mais chargé d'appliquer les mêmes règles de procédure et de fond que le tribunal de police.

§ 2. La validation des mesures de composition pénale

A. La faculté pour le président du tribunal de grande instance de désigner le juge de proximité aux fins de validation des compositions pénales délictuelles

La loi du 26 janvier 2005 n'apporte pas d'innovation en la matière. En effet, avant l'entrée en vigueur de la loi nouvelle, l'article 706-72 alinéa 2 du code de procédure pénale permettait à la juridiction de proximité de valider, sur délégation donnée par le président du tribunal de grande instance, les mesures de composition pénale prévues à l'articles 41-2 (compositions pénales délictuelles). La loi du 26 janvier 2005 abroge l'article 706-72 mais

---

105 NATALI, Franck. Les avocats et le projet de loi "Perben". D., 2002, n°30, interview, p.2343-2344.

106 Libération, 16 juillet 2002, « Entretien avec Patrick Blanc, secrétaire général d'une association chargée de la protection de l'enfance ».

107 Le Monde, 18 juillet 2002, « La réforme de la justice présentée sous le feu des critiques ».

la compétence du juge de proximité pour valider les mesures de compositions pénales délictuelles est maintenue. En effet, l'article 41-2 du code de procédure pénale comporte un nouvel alinéa en vertu duquel : « le président du tribunal peut désigner, aux fins de validation de la composition pénale, tout juge du tribunal ainsi que tout juge de proximité exerçant dans le ressort du tribunal ».

Ainsi, lorsqu'une personne physique reconnaît avoir commis un ou plusieurs délits punis à titre de peine principale d'une peine d'amende ou d'une peine d'emprisonnement d'une durée inférieure ou égale à cinq ans, le procureur de la République, tant que l'action publique n'a pas été mise en mouvement, peut proposer, directement ou par l'intermédiaire d'une personne habilitée, une composition pénale qui consiste en une ou plusieurs mesures comme verser une amende de composition au Trésor public, se dessaisir au profit de l'Etat de la chose qui a servi ou était destinée à commettre l'infraction ou qui en est le produit, remettre son véhicule, pour une période maximale de six mois, à des fins d'immobilisation, etc. En principe, lorsque l'auteur des faits donne son accord aux mesures proposées, le procureur de la République saisit par requête le président du tribunal aux fins de validation de la composition. Toutefois, le juge de proximité peut être désigné par le président du tribunal de grande instance pour valider la mesure de composition pénale.

Ainsi que l'avaient déjà souligné avant la loi du 26 janvier 2005 Catherine COLENO et Jean-Jacques BARBIERI[108], cette mesure constitue un glissement significatif du juge de proximité dans le champ du tribunal de grande instance et dépasse largement le cadre des « petits litiges » de la vie quotidienne.

B. La compétence du juge de proximité aux fins de validation des compositions pénales contraventionnelles

L'article 706-72 alinéa 2 du code de procédure pénale permettait à la juridiction de proximité de valider, sur délégation donnée

---

[108] COLENO, Catherine et BARBIERI, Jean-Jacques. De minimis curat praetor (à propos du juge de proximité). Petites affiches, 23 juillet 2003, n°146 (p.6-14).

par le président du tribunal de grande instance, les mesures de composition pénale prévues à l'articles 41-3 (compositions pénales contraventionnelles). Or, la loi du 26 janvier 2005 ne semble pas se contenter de donner la possibilité au juge de proximité de valider les compositions pénales contraventionnelles si le président du tribunal de grande instance le décide. En effet, lorsque la procédure de composition pénale est mise en œuvre suite à une contravention, le dernier alinéa de l'article 41-3 du code de procédure pénale dispose que : « la requête en validation est portée, selon la nature de la contravention, devant le juge du tribunal de police ou devant le juge de la juridiction de proximité, sauf si le juge de proximité est désigné par le président du tribunal aux fins de validation de l'ensemble des compositions pénales contraventionnelles ».

Ce choix rédactionnel incite donc à penser que le juge de proximité dispose désormais d'une compétence propre pour connaître de la requête en validation lorsque une composition pénale est proposée suite à une contravention de la première à la quatrième classe. En revanche, lorsque la composition pénale fait suite à une contravention de la cinquième classe, le tribunal de police est en principe compétent pour valider les mesures de composition pénale. Néanmoins, même dans cette hypothèse, le nouvel article 41-3 permet au président du tribunal de désigner le juge de proximité aux fins de validation de l'ensemble des compositions pénales contraventionnelles.

§ 3. La participation aux formations collégiales du tribunal correctionnel

La disposition la plus novatrice de la loi du 26 janvier 2005 réside dans la possibilité pour les juges de proximité de participer, en tant qu'assesseurs, aux formations collégiales du tribunal correctionnel. Certes, cette disposition ne concerne pas les compétences de la juridiction de proximité proprement dites et affecte seulement le statut des juges. Néanmoins, dans un souci de clarté, le choix a été fait de traiter cette question dans le présent chapitre.

En effet, l'article 5 de la nouvelle loi complète l'article L.331-5 du code de l'organisation judiciaire par deux alinéas ainsi rédigés :

« le président du tribunal de grande instance établit avant le début de l'année judiciaire la liste des juges de proximité de son ressort susceptibles de siéger en qualité d'assesseur au sein de la formation collégiale du tribunal correctionnel. Cette formation ne peut comprendre plus d'un juge de proximité ». Autrement dit, le juge de proximité désigné aura une voix délibérative au sein de la formation collégiale du tribunal correctionnel sans qu'il puisse présider l'audience.

Cette mesure avait été souvent envisagée comme le meilleur moyen de faire participer le citoyen à la justice mais n'avait jamais été mise en œuvre par crainte d'une réaction hostile de la part des magistrats. Ayant suscité de vives critiques de la part de l'opposition parlementaire lors de la discussion de la loi, la disposition est en grande partie à l'origine de la saisine du Conseil constitutionnel. Dans sa décision du 29 août 2002, le Conseil constitutionnel avait considéré que l'article 66 de la Constitution ne s'opposait pas « à ce que soient dévolues à la juridiction de proximité des compétences en matière pénale dès lors que ne lui est pas confié le pouvoir de prononcer des mesures privatives de liberté ». Il était donc possible de penser, prima facie, que l'article 5 de la loi du 26 janvier 2005 serait déclaré contraire à la Constitution. Toutefois, cette disposition n'a pas pour effet de permettre aux juridictions de proximité de prononcer des peines d'emprisonnement. Elle donne aux juges désignés une voix délibérative au sein de la formation collégiale du tribunal correctionnel. Certes, un juge de proximité déterminé prend part à une délibération susceptible de conduire à une peine privative de liberté. Cependant, seule la juridiction pénale de droit commun (le tribunal correctionnel) prononce la peine.

Dans sa décision du 20 janvier 2005 précitée, le Conseil constitutionnel a déclaré ce texte conforme à la Constitution, estimant d'une part, que l'article 66 n'était pas méconnu au motif que les dispositions organiques fixant le statut des juges de proximité apportaient les garanties d'indépendance et de capacité requises par la Constitution et que d'autre part, le principe d'égalité devant la justice n'était pas remis en cause car les justiciables sont jugés par une formation collégiale du tribunal correctionnel qui, quelle que soit sa composition, applique les mêmes règles de procédure et de fond et que la latitude laissée au président du tribunal de grande instance, pour établir la liste des juges de proximité de son ressort susceptibles de siéger en qualité d'assesseur, a pour objet de lui permettre de choisir les mieux à même de remplir cette fonction et répond à un souci de bonne administration de la justice.

Les juges constitutionnels ont toutefois émis une réserve d'interprétation en estimant que les magistrats professionnels devaient rester majoritaires dans la formation. Un assesseur juge de proximité ne pourra donc pas siéger avec un assesseur juge temporaire.

L'intérêt de la participation citoyenne aux décisions de justice a été souligné à plusieurs reprises. En 2001, les contributions adressées au ministère de la justice dans le cadre des entretiens de Vendôme avaient fait valoir qu'une telle participation constituait « un relais d'information envers la société civile, non seulement sur le fonctionnement de l'institution, mais encore sur des sujets de société tels que l'insécurité routière, les violences, les stupéfiants... ». De même, en juin 2002, la mission sénatoriale d'information sur l'évolution des métiers de la justice[109] a souhaité associer davantage les citoyens aux décisions de justice, soulignant que : « l'échevinage pourrait avoir le double avantage d'ouvrir l'institution judiciaire sur le monde extérieur en offrant une vision différente et de rétablir la collégialité pour le jugement des délits pour lesquels le juge unique avait été institué ».

En outre, l'idée d'associer à des formations collégiales de jugement des personnes qui ne sont pas des magistrats professionnels n'est pas étrangère aux institutions judiciaires françaises. Outre les jurés de cours d'assises, les assesseurs des tribunaux pour enfants sont nommés en raison de leur compétence et de l'intérêt qu'ils portent aux questions de l'enfance. Par ailleurs, l'article L.311-9 du code de l'organisation judiciaire prévoit la faculté pour les avocats de suppléer les juges judiciaires

---

109 « Quels métiers pour quelle justice ? ». Rapport n°345 (Sénat, 2001-2002) de M. Christian COINTAT au nom de la mission d'information sur l'évolution des métiers de la justice présidée par M. Jean-jacques HYEST, p.203-204.

pour compléter le tribunal de grande instance en matière civile comme en matière pénale. Enfin, les assesseurs des chambres de l'application des peines des cours d'appel, créées à compter du 1er janvier 2005 par l'article 712-13 du code de procédure pénale[110] sont choisis parmi les responsables des associations d'aide aux victimes et des associations de réinsertion des condamnés.

Toutefois, il peut sembler regrettable que le législateur ne soit pas allé jusqu'au bout de la logique en choisissant d'associer à la justice correctionnelle, non pas des juges de proximité disposant d'une expérience dans le domaine juridique et déjà occupés à d'autres fonctions juridictionnelles, mais des citoyens choisis, comme en matière criminelle, parmi les listes électorales[111]. Dans cette optique, on aurait alors pu parler d'une véritable participation des citoyens à la justice correctionnelle française. Mais le législateur a choisi une autre voie confirmant, avec cette disposition insérée dans la loi du 26 janvier 2005, le dévoiement du juge de proximité de sa mission originelle.

Conclusion

A l'évidence, la création d'un nouvel ordre de juridiction porte les germes d'une complexification des règles de répartition des compétences entre les tribunaux et participe donc d'une moins grande lisibilité des institutions pour le justiciable[112]. Cependant, la mise en place de la juridiction de proximité s'étant réalisée, il est

---

[110] Disposition issue de la loi n°2004-204 du 9 mars 2004 (art. 161). J.O. du 10 mars 2004.

[111] A titre de comparaison, la Norvège fonctionne selon ce système. Depuis une réforme entrée en vigueur en 1995, toutes les affaires pénales sont jugées par une formation collégiale composée d'un magistrat professionnel et de deux juges populaires qui ne sont pas des juristes de carrière. Pour chaque affaire, les tribunaux tirent au sort un certain nombre d'hommes et de femmes sur une liste de personnes choisies également par tirage au sort. Cette liste est établie tous les quatre ans par les conseils municipaux. Ces personnes sont tenues de prêter leur concours à la justice, à moins d'un empêchement dûment motivé.

[112] V. en ce sens, BLERY, Corinne. La compétence civile du nouveau juge de proximité. De quelques questions qu'elle suscite. D., 2003, n°9, doctrine, p.566-568.

désormais primordial de s'interroger sur la façon dont son fonctionnement peut être amélioré.

Certes, l'intervention du législateur était quasiment nécessaire au risque de voir la mise en place des juridictions de proximité être un échec retentissant. La loi du 26 janvier 2005 apporte donc des améliorations par rapport à la situation antérieure.

D'abord, le relèvement significatif du taux de compétence de la juridiction ainsi que la possibilité de saisine par des personnes morales vont, à l'évidence, accroître le nombre d'affaires traitées par la juridiction de proximité[113].

Ensuite, la loi nouvelle rationalise la répartition des compétences des trois juridictions civiles de première instance s'agissant des actions personnelles ou mobilières. De plus, en étendant la compétence des juridictions de proximité aux actions des personnes physiques pour leurs besoins professionnels et en ne s'attachant plus à la qualité du demandeur (puisque les personnes morales accèdent désormais à la juridiction de proximité comme les personnes physiques), elle évite ainsi au justiciable des risques d'erreur sur la juridiction à saisir.

Par ailleurs, en confiant une compétence exclusive au tribunal d'instance en matière de crédit à la consommation, la loi du 26 janvier 2005 éclaircit les règles de répartition des compétences dans ce domaine.

Enfin, en matière pénale, elle simplifie considérablement les compétences de la juridiction de proximité en faisant oublier la casuistique déconcertante prévue lors de la création de la nouvelle institution.

---

113 Selon les statistiques du ministère de la justice communiquées par la direction de l'administration générale et de l'équipement (DAGE), le nombre des affaires nouvelles est ainsi passé de 7900 pour les 6 premiers mois de 2004 à 32937 pour la même période de 2005, soit une augmentation de plus de 400% et, dans le même temps, le nombre des affaires terminées est passé, quant à lui, de 6433 à 19908 soit une augmentation de plus de 300 %.

Cependant, il est possible de formuler certains regrets concernant l'adoption de la loi du 26 janvier 2005.

En premier lieu, on remarque une différence d'objectif évidente entre la loi du 9 septembre 2002 instituant les juridictions de proximité et la loi du 26 janvier 2005. Initialement les juges de proximité devaient avoir une mission nouvelle consistant à traiter les « petits litiges de la vie quotidienne ». Or, il semble qu'aujourd'hui ces juges permettent surtout d'alléger le travail des juridictions en évitant l'embauche des magistrats professionnels. Si ce changement d'objectif est flagrant en matière pénale avec la possibilité pour le juge de proximité de siéger dans les formations collégiales du tribunal correctionnel, il l'est aussi en matière civile. En effet, l'augmentation du taux de compétence de la juridiction de proximité à 4000 euros modifie la philosophie de base de l'institution. Le taux précédent de 1500 euros limitait certes la saisine du juge de proximité mais il s'inscrivait dans la logique initiale du législateur de confier à ce nouveau juge le traitement « des petits litiges de la vie quotidienne ». Désormais, avec un taux de compétence à 4000 euros, on s'éloigne d'un traitement du « petit contentieux » au profit d'un contentieux mettant en jeu des sommes beaucoup plus importantes.

En deuxième lieu, s'il est louable que la loi du 26 janvier 2005 réserve certaines matières techniques au tribunal d'instance, il est en revanche regrettable, s'agissant du contentieux relatif au louage d'immeubles à usage d'habitation, que le juge de proximité ne puisse connaître que des actions en restitution de dépôts de garanties d'une valeur n'excédant pas 4000 euros alors même que ce type de contentieux soulève souvent en pratique un problème de validité du contrat de bail. Il apparaîtrait sans doute plus judicieux de supprimer cette compétence résiduelle du juge de proximité afin d'éviter les complexités procédurales.

En troisième lieu, s'agissant des règles de la compétence civile de la juridiction de proximité par renvoi à celles de la compétence du tribunal d'instance, la nouvelle rédaction de l'article R.331-1 du code de l'organisation judiciaire issue du décret du 15 mai 2005 n'est pas de nature à en diminuer les difficultés d'application. Or, la résolution des problèmes de compétence n'appartient pas au juge de proximité mais au tribunal d'instance, saisi par une procédure originale[114]. Ce nouveau contentieux parasite risque alors de surcharger le tribunal d'instance.

En quatrième lieu, en se voyant octroyer la quasi-totalité des contraventions des 4 premières classes, les juges de proximité traiteront essentiellement les infractions relevant de leur compétence par ordonnance pénale, c'est-à-dire sans suivre la procédure ordinaire de l'audience. Or, si le résultat est efficace pour décharger le tribunal d'instance, il éloigne le justiciable du juge de proximité, le premier et le second ne se rencontrant que lorsqu'une opposition est formée contre l'ordonnance pénale.

---

114 V. Chapitre 3 du titre 1 de la 1ère partie.

Chapitre 3. La procédure applicable devant la juridiction de proximité

La procédure devant être suivie devant la juridiction de proximité n'a fait l'objet d'aucune modification par la loi du 26 janvier 2005. Il convient donc de se reporter aux mécanismes prévus par la loi d'orientation et de programmation pour la justice du 9 septembre 2002. Celle-ci insère, en matière civile, un article L.331-3 dans le code de l'organisation judiciaire en vertu duquel : « la juridiction de proximité statue selon les règles de procédure applicables devant le tribunal d'instance » et, en matière pénale, un article L.331-5 renvoyant aux règles de procédure applicables devant le tribunal de police. Ces dispositions mettent en exergue l'absence d'innovation procédurale devant la juridiction de proximité ; le législateur se bornant à renvoyer aux règles de procédure existantes.

Cependant, afin de dégager la physionomie d'ensemble de l'institution, il convient de rappeler ces règles d'une part, en matière civile (Section 1) et d'autre part, en matière pénale (Section 2).

Section 1. La procédure en matière civile

Si la procédure applicable en matière civile devant la juridiction de proximité est calquée sur celle du tribunal d'instance (§ 1), il existe toutefois quelques dispositions particulières dérogeant sur certains points aux procédures de référence (§ 2).

§ 1. L'application des règles procédurales des tribunaux d'instance

Conformément à l'article L.331-3 alinéa 1 du code de l'organisation judiciaire : « en matière civile, la juridiction de proximité statue selon les règles de procédure applicables devant le tribunal d'instance. Elle se prononce après avoir cherché à concilier les parties par elle-même ou, le cas échéant et avec l'accord de celles-ci, en désignant une personne remplissant les conditions fixées par décret en Conseil d'Etat ». Le législateur n'a donc pas prévu de procédure spéciale instituée par décret.

A. Les modes de saisine de la juridiction de proximité

Calqués sur ceux du tribunal d'instance, les modes de saisine de la juridiction de proximité sont au nombre de quatre :

- La procédure sur assignation « à toutes fins »[115] est la procédure ordinaire. La demande en justice est formée par assignation à fin de conciliation et, à défaut, de jugement.

- La procédure à fin de conciliation[116] permet de saisir le juge dans le but de concilier les parties. La demande aux fins de tentative préalable de conciliation est formée verbalement ou par lettre simple, au greffe du tribunal d'instance. Le demandeur indique les nom, prénoms, profession et adresse des parties, ainsi que l'objet de sa prétention.

- Les procédures sur requête conjointe ou sur présentation volontaire des parties[117] impliquent l'accord des deux parties pour saisir la juridiction. Dans la première procédure, la requête est rédigée par les parties alors que dans la seconde, le juge est saisi par la signature d'un procès-verbal constatant que les parties se présentent volontairement pour faire juger leurs prétentions. Dans les 2 cas, le juge s'efforce de concilier les parties.

- La procédure sur déclaration au greffe[118] n'est possible que « lorsque le montant de la demande n'excède pas 4000 euros »[119].

---

[115] Articles 829 et 836 à 844 du nouveau code de procédure civile.

[116] Articles 830 à 835 du nouveau code de procédure civile.

[117] Articles 845 à 847 du nouveau code de procédure civile .

[118] Articles 847-1 à 847-3 du nouveau code de procédure civile.

[119] Rédaction issue du décret du 13 mai 2005. L'ancienne rédaction, moins claire, indiquait que cette procédure n'était utilisable que lorsque le montant de la demande n'excédait pas « le taux de compétence en dernier ressort du tribunal d'instance ».

Le juge est alors saisi par une déclaration faite, remise ou adressée au greffe, où elle est enregistrée. Les parties sont convoquées à l'audience par le greffier par lettre recommandée avec demande d'avis de réception.

B. Le caractère facultatif de la représentation par avocat

Conformément à l'alinéa 2 de l'article L.331-3 du code de l'organisation judiciaire : « les parties peuvent se faire assister et représenter devant la juridiction de proximité dans les mêmes conditions que devant le tribunal d'instance ».

Il convient donc de se reporter aux articles 827 et 828 du nouveau code de procédure civile. Les parties peuvent se défendre elles-mêmes mais elles ont aussi la faculté de se faire assister ou représenter[120]. Si elles optent pour la deuxième solution, elles peuvent se faire assister ou représenter par un avocat, leur conjoint, leurs parents ou alliés en ligne directe, leurs parents ou alliés en ligne collatérale jusqu'au troisième degré inclus, les personnes exclusivement attachées à leur service personnel ou à leur entreprise[121]. Le représentant, s'il n'est pas avocat, doit justifier d'un pouvoir spécial[122].

La possibilité d'une défense sans assistance ni représentation offre au justiciable une certaine facilité d'accès à la juridiction de proximité. Néanmoins, les inconvénients d'un tel système sont bien connus : sans conseils, les justiciables risquent de mal se défendre et de submerger les juridictions d'actions superflues.

---

[120] Article 827 du nouveau code de procédure civile.

[121] Un décret n°98-1231 du 28 décembre 1998 permettait la représentation par un concubin et n'exigeait plus que le représentant soit exclusivement attaché au service personnel du plaideur. Mais l'annulation du décret par un arrêt du Conseil d'Etat du 6 avril 2001 « *Ordre des avocats au Barreau du Mans* » a conduit à la suppression de ces deux modifications.

[122] Article 828 du nouveau code de procédure civile.

C. Le caractère oral de la procédure

L'oralité de la procédure est prévue à l'article 843 alinéa 1er du nouveau code de procédure civile. Cette disposition n'est insérée qu'au chapitre II consacré à la procédure sur assignation à toutes fins ; elle n'est reprise ni au chapitre III concernant la requête conjointe et la présentation volontaire des parties, ni au chapitre VI traitant de la déclaration au greffe. Pour autant, il n'a jamais été contesté que la procédure est orale devant le tribunal d'instance et donc aujourd'hui aussi devant la juridiction de proximité quel que soit son mode de saisine[123]. Le caractère oral de la procédure entraîne plusieurs conséquences.

D'abord, tous les moyens de fait et de droit des parties ainsi que leurs prétentions peuvent être présentés oralement aux différentes audiences. A ce dernier titre, toutes les demandes incidentes peuvent être formées oralement à l'égard des parties non défaillantes[124]. Les parties ne doivent donc pas nécessairement déposer des conclusions écrites. Les prétentions orales sont notées par le greffier dans le dossier ou consignées dans un procès-verbal. L'oralité présente ainsi d'indéniables avantages en simplifiant et facilitant l'accès au juge. Mais elle n'est pas non plus sans danger. En effet, l'inconvénient d'un tel système se situe sur le terrain de la preuve car la Cour de cassation a mis en place une présomption de régularité de la procédure orale[125]. L'écrit (et notamment le dépôt de conclusions) semble donc plus sûr pour présenter sa demande.

Ensuite, l'instruction se déroule à l'audience. Si l'affaire n'est pas en état d'être jugée, il sera procédé par renvois successifs. Même si l'instruction se fait oralement, le juge d'instance a un

---

[123] V. sur ce point : S. Guinchard précité, p.627.

[124] V. par ex., à propos d'une demande reconventionnelle, Cass. 2e civ., 27 janv.1993, Bull. civ. II, n°41.

[125] C'est ainsi que la Cour de cassation juge de manière constante qu'il ne saurait être reproché à un tribunal d'instance de ne pas avoir répondu à des moyens ou conclusions « dès lors qu'il n'est pas établi que le tribunal ait été saisi des conclusions alléguées » (Cass. 1ère civ., 22 oct. 1974, Bull. civ. I, n°273 et Cass. 1ère civ., 11 oct. 1978, Bull. civ. I, n°300).

pouvoir de coercition (il peut imposer des délais, radier une affaire du rôle, adresser des injonctions, etc.).

Enfin, les conclusions écrites adressées au juge par une partie qui ne comparaît pas ou n'est pas représentée sont irrecevables[126]. Toutefois, la comparution ne suffit pas. La procédure orale impose à la partie qui a souhaité prendre des conclusions écrites, non seulement de comparaître, mais aussi de reprendre oralement ses moyens à la barre[127].

D. L'importance de la conciliation

Selon l'article L.331-3 alinéa 1 du code de l'organisation judiciaire précité, la juridiction de proximité « se prononce après avoir cherché à concilier les parties par elle-même ou, le cas échéant et avec l'accord de celles-ci, en désignant une personne remplissant les conditions fixées par décret en Conseil d'Etat ».

Par ailleurs, l'article 17 du décret n°2003-542 du 23 juin 2003 permet à la juridiction de proximité de bénéficier des dispositions particulières au tribunal d'instance et notamment des articles 840, 847 et 847-3 du nouveau code de procédure civile en vertu desquels « le juge s'efforce de concilier les parties ».

La conciliation tient une place prééminente dans les intentions des promoteurs de la nouvelle juridiction. Selon les conclusions de la commission des lois du Sénat[128] : « il est nécessaire d'affirmer la vocation essentielle de conciliation du juge de proximité, ainsi que l'indique d'ailleurs l'exposé des motifs selon lequel le projet de loi prévoit d'instituer un juge disposant du temps nécessaire pour privilégier l'écoute des justiciables ainsi que la voie de la conciliation ».

---

126 En ce sens, V. Civ. 2ième, 23 fév. 1994 : « la procédure étant orale, ne sont pas recevables les conclusions adressées au juge par une partie qui ne comparaît ni n'est représentée ».

127 En ce sens, V. Civ. 2ième, 4 mars 2004, pourvoi n°02-11423.

128 Conclusions de la commission des lois au Sénat sur le projet de loi d'orientation et de programmation sur la justice rendues le 24 juillet 2002 sur rapport de M.M SCHOSTECK et FAUCHON.

Cette mission de conciliation du juge de proximité n'est guère novatrice. En effet, l'article 21 du nouveau code de procédure civile dispose qu'il « entre dans la mission du juge de concilier les parties ». En outre, la mission de conciliation du juge d'instance est mentionnée aux articles 840, 847, 847-3 du nouveau code de procédure civile précités. Néanmoins, la recherche théoriquement obligatoire des possibilités de conciliation des parties ne peut plus en pratique être respectée par les juges d'instance en raison d'un manque de temps[129]. Ainsi, en reprenant l'obligation pour le juge de proximité de tenter de concilier les parties, le législateur semble espérer que ce nouveau juge disposera d'une disponibilité suffisante pour se consacrer à cette tâche.

S'agissant de la procédure de conciliation, l'article L.331-3 alinéa 1 du code de l'organisation judiciaire précité permet au juge de proximité de mener la conciliation lui-même ou de désigner avec l'accord des parties une personne remplissant les conditions fixées par décret en Conseil d'Etat. Ainsi, plutôt que de prévoir l'intervention des conciliateurs de justice, comme l'envisage la procédure devant le tribunal d'instance, l'article L.331-3 semble réserver cette mission à d'autres tiers remplissant les conditions fixées par décret en Conseil d'Etat. Néanmoins, le décret du 23 juin 2003 ne contient aucune disposition à ce sujet. En revanche, il rend applicable devant la juridiction de proximité les dispositions régissant la conciliation judiciaire devant le juge d'instance[130]. En l'absence du décret annoncé, il convient donc de se reporter au décret du 20 mars 1978 modifié, applicable à la tentative préalable de conciliation devant le tribunal d'instance conformément à l'article 831 du nouveau code de procédure civile. La personne désignée peut donc être un conciliateur de justice permanent ou

---

[129] En 2002, moins de 2 % des affaires traitées par les tribunaux d'instance ont fait l'objet d'une tentative de conciliation. De plus, comme le souligne le rapport de M.M SCHOSTECK et FAUCHON précité, un grand nombre d'interlocuteurs rencontrés par la mission d'information de la commission des lois sur l'évolution des métiers de la justice ont souligné que les juges d'instance n'avaient bien souvent pas le temps de tenter de concilier les parties.

[130] Le titre II du livre II du nouveau code de procédure civile s'intitule désormais : « dispositions particulières au tribunal d'instance et à la juridiction de proximité ».

un conciliateur ad hoc remplissant les conditions du décret du 20 mars 1978 précité.

Cette possibilité pour le juge de proximité de renvoyer à une autre personne la tentative de conciliation a pu susciter quelques critiques. En effet, ainsi qu'il l'a été expliqué précédemment, dans l'esprit de la loi, le juge de proximité doit disposer du temps nécessaire pour privilégier la voie de l'écoute, de la discussion et de la conciliation. Il aurait donc été normal que lui soit réservée la tentative de conciliation, sans lui permettre de la déléguer à un tiers conciliateur en alourdissant ainsi la procédure. Le dispositif conçu pour le juge d'instance est donc transposé tel quel au juge de proximité.

Cependant, il faut admettre que les parties se prêtent mieux à des concessions réciproques sur leurs prétentions quand elles sont suggérées par un tiers qui ne les jugera pas en cas d'échec et que la négociation restera secrète. Ainsi que l'explique M. MARTIN : « devant un juge en habit de conciliation, les parties répugnent à dévoiler jusqu'où elles accepteraient de renoncer, craignant que le même juge, appelé ensuite à trancher, n'en soit influencé. Tel est le principal handicap du juge conciliateur »[131].

E. Les exceptions au double degré de juridiction

Conformément à l'article L.331-2 du code de l'organisation judiciaire, lorsque la juridiction de proximité connaît, en matière civile, des actions personnelles ou mobilières jusqu'à la somme de 4000 euros, elle statue en premier et dernier ressort. De même, l'article L.331-2-1 du code de l'organisation judiciaire inséré par la loi du 26 janvier 2005 prévoit que lorsque la juridiction de proximité connaît des actions en restitution de dépôts de garanties jusqu'à la valeur de 4000 euros, elle statue en dernier ressort. Toute possibilité d'appel est donc exclue dans ces domaines et seul le pourvoi en cassation reste possible.

Cette disposition n'est guère surprenante dans la mesure où le code de l'organisation judiciaire fixait déjà un seuil en deçà duquel

---

[131] MARTIN, Raymond. *La juridiction de proximité*. Aix-en-Provence : Edilaix, 2004, p. 29.

l'appel était impossible. Or, le taux de dernier ressort s'établissait à 3800 euros. En effet, jusqu'à cette valeur, le tribunal d'instance[132], comme le tribunal de grande instance[133], tranchaient les litiges sans possibilité d'interjeter appel. Au-delà de ce seuil, les affaires étaient jugées à charge d'appel. Depuis la loi du 26 janvier 2005, ce taux a été porté à 4000 euros[134].

Selon le rapport de M.M SCHOCTECK et FAUCHON[135], cette dérogation au double degré de juridiction se justifie par la faible valeur du litige qui rend inopportun l'engagement de frais coûteux et donc disproportionnés engendrés par une seconde instance. L'exclusion de l'appel revêt un intérêt pratique permettant d'éviter d'une part, l'encombrement des cours d'appel, d'autre part, un allongement de la durée des procès.

En revanche, selon l'article L.331-2 du code de l'organisation judiciaire précité, lorsqu'elle connaît des demandes indéterminées qui ont pour origine l'exécution d'une obligation dont le montant n'excède pas 4000 euros, la juridiction de proximité statue à charge d'appel.

F. Les procédures d'injonction de faire ou de payer

Dans sa rédaction antérieure à la loi du 26 janvier 2005, l'article L.331-2 du code de l'organisation judiciaire comportait un deuxième alinéa (créé par l'article 7 de la loi du 9 septembre 2002) au terme duquel la juridiction de proximité connaissait des procédures d'injonction de payer ou de faire dans les conditions prévues au premier alinéa.

Le nouvel article L.331-2 a fait disparaître cet alinéa. Pour autant, il ne faut pas en déduire que la juridiction de proximité n'est plus compétente en matière d'injonction de faire ou de payer. En effet, le législateur a seulement retiré de la partie législative du

[132] Ancien article R.321-1 du code de l'organisation judiciaire.

[133] Ancien article R.311-2 du code de l'organisation judiciaire.

[134] Le tribunal d'instance ayant vu son taux de compétence relevé à 4000 euros, la plupart des affaires qui lui sont soumises sont donc susceptibles d'appel.

[135] J.P SCHOSTECK et P. FAUCHON, Rapp. Sénat n°370, 2001-2002.

code de l'organisation judiciaire les dispositions relatives à la possibilité pour le juge de proximité de statuer en matière d'injonction de faire ou de payer dans la mesure où il s'agit d'une règle de procédure et qu'elle relève donc du seul pouvoir réglementaire.

Conformément aux articles 21 à 24 du décret du 23 juin 2003 ayant modifié plusieurs dispositions du nouveau code de procédure civile afférents à ces procédures, la juridiction de proximité continue donc de statuer en matière d'injonction de faire et de payer dans les limites de sa compétence d'attribution, c'est-à-dire jusqu'à la somme de 4000 euros[136].

1. La procédure d'injonction de payer

L'injonction de payer est une procédure simplifiée permettant un règlement rapide et peu coûteux des litiges relatifs à des difficultés de paiement. Elle permet au créancier de saisir sur requête (c'est-à-dire sans avertir le défendeur) le tribunal qui rendra une ordonnance d'injonction de payer devenant exécutoire à défaut d'opposition du défendeur.

Dans ce domaine, la compétence du juge de proximité n'est pas exclusive. En effet, selon la nature et le montant de la créance, 3 juridictions se partagent la compétence[137]. Pour les créances commerciales (reposant sur un effet de commerce), le président du tribunal de commerce est seul compétent. Concernant les créances civiles, la juridiction de proximité est compétente jusqu'à

---

[136] Notons par ailleurs que l'article R.321-3 modifié par le décret du 13 mai 2005 dispose que : « lorsqu'il statue selon la procédure d'injonction de payer, le tribunal d'instance est compétent à quelque valeur que la demande puisse s'élever ». Cette disposition a suscité des divergences d'interprétation entre les juges d'instance, certains allant jusqu'à penser que le juge de proximité n'était plus compétent en matière d'injonction de payer. Une mise au point avec le ministère de la justice a donc été nécessaire. Le juge de proximité reste compétent jusqu'à 4000 euros (l'article 1406 du nouveau code de procédure civile n'ayant pas été abrogé). Au-delà, le tribunal d'instance est compétent quel que soit le montant, c'est-à-dire qu'il n'est pas tenu par le seuil de compétence du tribunal d'instance à 10000 euros. L'article ne vise donc que la compétence du juge d'instance et non celle du juge de proximité.

[137] Article 1406 du nouveau code de procédure civile tel que modifié par l'article 21 du décret du 23 juin 2003.

la somme de 4000 euros. Au-delà, le tribunal d'instance est exclusivement compétent et le juge de proximité doit relever d'office son incompétence.

Selon l'article 22 du décret du 23 juin 2003 (art. 1415 N.C.P.C.), les oppositions aux injonctions de payer sont portées devant la juridiction de proximité à condition qu'elles ne dépassent pas les limites de sa compétence d'attribution.

Comme il l'a été expliqué dans les développements antérieurs, l'exclusion des professionnels enlevait beaucoup de sa portée à cette disposition. En effet, la procédure d'injonction de payer est largement utilisée par les professionnels qui agissent contre des consommateurs mais elle est rarement utilisable en sens inverse car les consommateurs sont généralement créanciers d'obligations de faire et non d'obligations de payer. L'injonction de payer échappait donc dans de nombreux cas au juge de proximité. En étendant la saisine de la juridiction de proximité aux personnes morales et aux particuliers pour les besoins de leur vie professionnelle, la loi du 26 janvier 2005 restitue toute sa portée à la procédure d'injonction de payer.

2. La procédure d'injonction de faire

Le décret du 23 juin 2003 précité modifie les articles 1425-1 et 1425-2 du nouveau code de procédure civile pour permettre à la juridiction de proximité, dans la limite de sa compétence légale d'attribution, de prononcer des injonctions de faire.

Permettant au demandeur d'obtenir une ordonnance prescrivant l'exécution en nature d'une obligation de faire (livraison d'une chose, restitution d'un bien, fourniture d'un service…), cette procédure peut être utilisée dès lors que l'obligation n'est pas sérieusement contestable. Elle vise surtout à permettre aux consommateurs d'obliger un professionnel à exécuter une prestation.

En pratique, cette procédure reste peu utilisée et ne devrait occuper qu'une très faible place devant la juridiction de proximité.

Si la plupart des règles procédurales applicables au tribunaux d'instance se retrouvent pour les juridictions de proximité, il existe cependant des dispositions particulières dérogeant sur certains points aux procédures de référence.

§ 2. Les innovations procédurales induites par la création de la juridiction de proximité

Le juge de proximité ne peut statuer en référé ni sur requête (la requête en injonction de payer ou de faire devant en être exceptée). Cela résulte de la modification des intitulés des sous-titres II et III du titre II du livre II du nouveau code de procédure civile qui ne visent que le juge d'instance et non le juge de proximité. Le référé aurait été cependant inutile pour une juridiction qui se veut rapide. Par ailleurs, celle-ci n'a pas de compétence gracieuse qui justifierait sa saisine par requête unilatérale.

Mais les principales innovations se manifestent surtout à travers le pouvoir d'injonction du juge de proximité en matière de conciliation judiciaire (A) et dans le règlement des incidents de compétences (B).

A. Le pouvoir d'injonction du juge de proximité en matière de conciliation judiciaire

Lorsque le juge souhaite mettre en œuvre une mission de conciliation par l'intermédiaire d'une tierce personne, il doit en principe recueillir l'accord des parties. Mais l'article 8 de la loi du 9 septembre 2002 va plus loin puisqu'il envisage, en l'absence d'accord des parties pour comparaître devant un conciliateur, la possibilité pour le juge de leur enjoindre de rencontrer une personne qu'il désigne à cet effet. Cette dernière est alors chargée d'informer les parties sur l'objet et le déroulement de la mesure de conciliation, dans la perspective de les convaincre de s'y prêter[138].

---

[138] L'article 8 de la loi du 9 septembre 2002 complète l'article 21 de la loi n°95-125 du 8 février 1995 relative à l'organisation des juridictions et à la procédure civile, pénale et administrative par un alinéa en vertu duquel : « si le juge n'a pas recueilli l'accord des parties pour procéder aux tentatives de conciliation prévues au 1°, il peut leur enjoindre de rencontrer une personne qu'il désigne à cet effet et remplissant les conditions fixées au premier alinéa. Celle-ci informe les parties sur l'objet et le déroulement de la mesure de conciliation ».

Cette disposition originale, insérée à l'article 829 du nouveau code de procédure civile par le décret du 23 juin 2003, appelle quelques précisions sur son domaine d'application (1) mais aussi sur les controverses qu'elle a pu faire naître (2).

1. Le domaine d'application du pouvoir d'injonction du juge de proximité en matière de conciliation judiciaire

Si l'on s'en tient aux décrets d'application de l'article 21 de la loi du 8 février 1995[139], ne sont visées par ce nouveau texte que les seules procédures de conciliation préalables organisées devant le tribunal d'instance et la juridiction de proximité. En revanche, du fait de son emplacement dans le nouveau code de procédure civile (sous le sous-titre « procédure ordinaire ») cette nouvelle disposition a vocation à s'appliquer quel que soit le type de saisine de ces juridictions. Dès lors, la procédure des articles 830 et suivants du nouveau code de procédure civile (qui est purement facultative) ainsi que les procédures de conciliation obligatoires prévues aux articles 840 et suivants (dans le cadre de la procédure sur assignation à toutes fins), aux articles 847 et suivants (dans le cadre de la procédure sur requête conjointe ou présentation volontaire) et enfin, aux articles 847-3 et suivants du même code (dans le cadre de la procédure sur déclaration au greffe) tombent sous le coup de ce texte[140].

Le point commun de tous ces préalables est qu'ils autorisent expressément le juge à se substituer un tiers conciliateur dans l'accomplissement de sa mission de conciliation préalable. Cependant, avant l'insertion de la nouvelle disposition, la désignation de ce tiers était impérativement soumise au consentement des parties[141]. Tant que les parties ne donnaient pas expressément leur

---

[139] Décret n°96-652 du 22 juillet 1996 et décret n°98-1231 du 28 décembre 1998.

[140] L'article 8 de la loi du 9 septembre 2002 modifiant la loi du 8 février 1995 n'avait prescrit ce dispositif que pour la tentative préalable de conciliation. Le décret du 23 juin 2003 élargit donc sensiblement le champ d'intervention possible de cette injonction en la faisant figurer dans le sous-titre « procédure ordinaire ».

[141] Articles 832-1, 840 alinéa 2, 847 alinéa 2, 847-3 alinéa 2 du nouveau code de procédure civile.

accord sur ce point, il ne pouvait y avoir de délégation. Or, désormais, en application de l'article 8 de la loi du 9 septembre 2002 et en dépit du refus des parties, le juge peut malgré tout leur enjoindre de rencontrer une personne qu'il désigne à cet effet. Cela ne signifie pas pour autant que les parties se trouvent dans l'obligation de se concilier. Il s'agit uniquement d'imposer aux parties la rencontre d'un conciliateur qui les informera sur l'objet et le déroulement de la mesure de conciliation. Le but est donc d'inciter fermement les parties à se concilier, sans pouvoir leur imposer de s'entendre.

La sanction du refus des parties n'est pas systématique mais, au contraire, laissée au pouvoir discrétionnaire d'appréciation du juge. Toutefois, lorsque ce dernier décide d'enjoindre les parties de rencontrer un conciliateur, l'article 829 du nouveau code de procédure civile prévoit que sa décision est insusceptible de recours.

2. Les controverses nées du pouvoir d'injonction du juge de proximité en matière de conciliation judiciaire

Ce pouvoir d'injonction du juge en matière de conciliation judiciaire est à l'origine de nombreuses controverses. Selon Julie JOLY-HURARD[142], en autorisant le juge à passer outre la volonté des parties, l'article 8 de la loi du 9 septembre 2002 porte gravement atteinte à l'un des principes directeurs les plus fondamentaux de la conciliation et de la médiation : le principe du consentement. Ce principe, qui suppose qu'aucune procédure de conciliation ou de médiation ne peut être mise en œuvre sans que les parties y aient expressément consenti, a pour corollaire le droit de toute personne à un tribunal ou droit au juge. Par ailleurs, cette disposition est en contrariété avec le concept de justice de proximité. Si l'intention d'informer mieux et plus les justiciables sur la conciliation et la médiation judiciaire est louable en soi et ne peut qu'être approuvée, car seule à même d'assurer l'essor de ces procédures au sein du judiciaire, il semble que la contrainte soit, de loin, la méthode la moins appropriée pour y parvenir. Autrement dit, l'injonction n'a pas sa place en matière de conciliation judiciaire

---

[142] JOLY-HURARD, Julie. Le nouveau pouvoir d'injonction du juge en matière de conciliation. D., 2003, n°14, chron., p.928-930.

car c'est avec tact et mesure que le juge doit procéder à une mission de conciliation, afin d'éviter tout risque de pression.

De même, ainsi que le soulignent Catherine COLENO et Jean-Jacques BARBIERI[143], alors que les juges de proximité sont choisis pour leur faculté d'écoute, on aurait pu penser qu'ils avaient vocation naturelle à assurer personnellement cette phase préalable de la tentative de conciliation au lieu de la déférer à un tiers. De plus, le vœu d'articulation n'est pas satisfait dans la concurrence entre les institutions dites « de proximité », notamment dans les attributions respectives du juge de proximité et du conciliateur.

Cependant, à la faveur de cette disposition, on peut d'abord observer que le pouvoir d'injonction du juge en matière de conciliation judiciaire n'est pas totalement nouveau. Ainsi, pour favoriser la reprise du dialogue entre les parents, la loi du 4 mars 2002[144] encourage la médiation familiale, en créant l'injonction de rencontrer un médiateur familial (article 373-2-10 du code civil). De même, la loi n°2004-439 du 26 mai 2004 relative au divorce prévoit un mécanisme analogue au titre des mesures provisoires que le juge aux affaires familiales peut ordonner à l'occasion d'une procédure de divorce[145].

En outre, cette injonction semble malgré tout préserver la liberté des parties de s'engager ou non, à l'issue de l'entretien, dans le cadre d'une conciliation. Il s'agit d'une mesure informative[146].

Indépendamment du pouvoir d'injonction du juge de proximité en matière de conciliation judiciaire, d'autres singularités procédurales résident dans le traitement des incidents de compétence.

---

[143] V. note 108.

[144] Loi n°305-2002 du 4 mars 2002 relative à l'autorité parentale.

[145] L'article 255 du code civil dispose désormais que : « le juge peut notamment enjoindre aux époux de rencontrer un médiateur familial qui les informera sur l'objet et le déroulement de la médiation ».

[146] En ce sens, V. Pierre CHEVALIER et Tony MOUSSA préc.

B. Le règlement des incidents de compétence

La loi du 9 septembre 2002 instituant la juridiction de proximité et le décret du 23 juin 2003 ont instauré un régime spécial simplifié, dérogatoire du droit commun, pour régler les incidents de compétence concernant la juridiction de proximité. Le législateur a estimé qu'il n'était pas opportun d'appliquer aux incidents de compétence les règles traditionnelles. C'est donc un régime original, plus administratif que juridictionnel qui a été institué pour cette juridiction[147].

Ainsi, le juge de proximité peut renvoyer l'affaire au tribunal d'instance en cas de difficultés juridiques sérieuses (1). De plus, il renvoie toutes les exceptions d'incompétence au juge d'instance (2).

1. Le renvoi au juge d'instance en cas de difficultés juridiques sérieuses

L'article 7 de la loi du 9 septembre 2002 a inséré dans le code de l'organisation judiciaire un article L.331-4 en vertu duquel : « lorsque, en matière civile, le juge de proximité se heurte à une difficulté juridique sérieuse portant sur l'application d'une règle de droit ou sur l'interprétation du contrat liant les parties, il peut, à la demande d'une partie ou d'office, après avoir recueilli l'avis, selon le cas, de l'autre ou des deux parties, renvoyer l'affaire au tribunal d'instance qui statue en tant que juridiction de proximité ». Cette disposition a été complétée par le décret du 23 juin 2003 insérant dans le nouveau code de procédure civile l'article 847-4.

a) La singularité du mécanisme prévu par l'article L.331-4 du code de l'organisation judiciaire

D'un point de vue procédural, cette faculté ouverte au juge de proximité s'inscrit dans la singularité. Il existe en effet, en matière de compétence, les questions préjudicielles. Celles-ci donnent lieu à renvoi à une juridiction compétente ainsi qu'à sursis à statuer jusqu'à ce que cette dernière se soit prononcée. En l'espèce, cette

---

[147] V. en ce sens : S. GUINCHARD précité.

solution fut écartée car « le renvoi préjudiciel aurait rendu plus complexe la procédure, renvoyée d'un tribunal à un autre »[148]. Il existe aussi la saisine pour avis de la Cour de cassation résidant en une simple faculté à la discrétion des juges du fond et entraînant un sursis à toute décision jusqu'à l'avis adressé à la juridiction de demande.

Mais la faculté pour un juge de renoncer totalement à exercer sa fonction, ainsi que le prévoit l'article L.331-4 précité, marque la juridiction de proximité du sceau d'une originalité particulièrement intéressante[149]. Cette faculté est d'autant plus remarquable qu'elle est justifiée par les doutes du juge lui-même, ou par ceux des parties, sur ses propres compétences pour trancher le litige. Comme l'ont fait remarquer Catherine COLENO et Jean-Jacques BARBIERI, la possibilité de ne pas juger une affaire est formellement interdite à tout autre juge qui s'exposerait, selon le cas, à une action récursoire de l'Etat ou à une prise à partie pour deni de justice.

b) Les conditions de renvoi de l'affaire

L'article 847-4 du nouveau code de procédure civile, créé par l'article 20 du décret du 23 juin 2003, précise les conditions de renvoi de l'affaire devant le tribunal d'instance lorsque la juridiction de proximité se heurte à une difficulté juridique sérieuse portant sur l'application d'une règle de droit ou sur l'interprétation du contrat liant les parties.

Ce renvoi n'emporte pas de conséquences juridiques sur les droits procéduraux des parties puisque le tribunal d'instance statue comme une juridiction de proximité. Cette disposition vise à préserver le principe d'égalité devant la justice, évitant ainsi que des affaires de même nature soient jugées par des juridictions différentes[150]. Le tribunal d'instance reprend la procédure dans l'état où

---

[148] V. J.P. SCHOSTECK et P. FAUCHON, Rapp. Sénat n°370, 2001-2002.

[149] L'article L.311-12-2 du code de l'organisation judiciaire prévoit toutefois le dessaisissement par le juge de l'exécution en faveur du tribunal de grande instance et de sa collégialité.

[150] V. infra, sur le contrôle par le Conseil constitutionnel de l'article L.331-4.

elle se trouvait devant cette juridiction au moment du renvoi. Dans le souci d'assurer le respect du contradictoire, le juge d'instance est néanmoins tenu de réentendre les parties si elles ont déjà plaidé devant la juridiction de proximité.

Par ailleurs, la décision du juge de proximité qui ordonne le renvoi ou qui rejette une demande de renvoi formulée par l'une ou l'autre des parties est une mesure d'administration judiciaire non susceptible de recours[151]. Pour ne pas retarder l'issue du litige, la décision de renvoi peut s'opérer par simple mention au dossier.

Enfin, le mécanisme de l'article 847-4 a été étendu aux hypothèses d'incompétence dans le cadre des procédures d'injonction de payer (article 21 du décret du 23 juin 2003) et de faire (article 23 du décret précité). Néanmoins les injonctions de payer étant afférentes à des créances le plus souvent certaines et incontestables, le renvoi sur ce fondement risque d'être assez rare en pratique[152].

c) Les débats soulevés par l'article L.331-4 du code de l'organisation judiciaire

Ainsi qu'a pu le faire valoir M. MOUTOUH, la procédure introduite par l'article L.331-4 est sans doute celle qui a soulevé le plus de contestations. Les débats parlementaires (1) et l'examen de la disposition par le Conseil constitutionnel (2) ont alimenté les commentaires doctrinaux (3).

1°) Les débats parlementaires

L'examen des travaux préparatoires de la loi du 9 septembre 2002 donne un premier aperçu des controverses nées de cette disposition. Ainsi, le sénateur Robert BADINTER[153] souligna la possibilité de douter de la licéité du texte au regard de l'article 5 du

---

[151] Seul le recours en cassation pour excès de pouvoir serait envisageable mais il est très rarement utilisé.

[152] Voir en ce sens Pierre Chevalier et Tony Moussa.

[153] J.O. Sénat, 25 juillet 2002, p.2082.

nouveau code de procédure civile imposant au juge qu'il se prononce sur « tout ce qui lui est demandé ».

Contestant également cette disposition, le sénateur Christian COINTAT[154] invoqua le risque de vider de sa substance la réforme par la multiplication du contentieux en laissant aux parties le soin d'évaluer une éventuelle difficulté juridique. Néanmoins, cet argument mérite d'être nuancé dans la mesure où le juge de proximité n'est pas dans l'obligation de renvoyer l'affaire au juge d'instance. Il revient au seul juge de proximité d'apprécier l'opportunité d'un tel renvoi[155].

L'âpreté des débats parlementaires laissait entrevoir une contestation de cette disposition devant le Conseil constitutionnel.

2°) L'examen par le Conseil constitutionnel

A l'occasion de l'examen de la conformité à la Constitution de la loi du 9 septembre 2002, l'article L.331-4 précité a été soumis à la sagacité des « 9 sages »[156]. Les auteurs de la saisine faisaient valoir la rupture de l'égalité devant la justice résultant de la faculté ainsi ouverte au juge de proximité. Toutefois, les juges constitutionnels validèrent le nouvel article L.331-4 du code de l'organisation judiciaire en tenant compte des précautions prises par le gouvernement pour le rendre acceptable. Celui-ci pouvait en effet craindre qu'en introduisant cette mesure, le Conseil constitutionnel ne juge sévèrement le fait qu'une juridiction présentée comme autonome n'épuise pas sa compétence et doive renvoyer ses propres litiges à une autre juridiction. Mais ainsi que le note M. MOUTOUH[157], la sagesse du législateur a voulu qu'il n'introduise pas une telle mesure de renvoi en matière pénale. Dans sa décision n°75-56 DC du 23 juillet 1975, le Conseil constitutionnel avait en effet affirmé que le principe d'égalité, notamment lorsque sont directement en cause les droits et libertés des citoyens, faisait obs-

[154] COINTAT, Christian. J.O. Sénat, 25 juillet 2002, p.2139.

[155] V. sur ce point, rapport n°370 de M.M SCHOSTECK et FAUCHON préc.

[156] Décision du 29 août 2002 préc.

[157] MOUTOUH, Hugues. La juridiction de proximité : une tentative attendue de déconcentration judiciaire. D., 2002, n°43, chron., p.3218-3223.

tacle à ce que des justiciables se trouvant dans des conditions semblables et poursuivis pour les mêmes infractions soient jugés par des juridictions composées selon des règles différentes.

Conscient du risque que courait le nouvel article L.331-4 du code de l'organisation judiciaire, le gouvernement a donc décidé d'encadrer au maximum la possibilité du renvoi, prévoyant seulement que le juge de proximité « à la demande d'une partie ou d'office, après avoir recueilli l'avis, selon le cas, de l'autre ou des deux parties » peut renvoyer l'affaire au tribunal d'instance dont il est précisé qu'il « statue en tant que juridiction de proximité ». Le législateur évite ainsi que des affaires de même nature soient jugées par des juridictions différentes.

La limitation du renvoi à la seule matière civile et les conditions particulières qui l'entourent ont convaincu les juges constitutionnels que cette procédure ne portait pas atteinte à l'égalité devant la justice. Pour motiver leur décision, ils considèrent en effet que le législateur a instauré cette faculté de renvoi au tribunal d'instance, eu égard à la nature particulière de la juridiction de proximité et dans un souci de bonne administration de la justice. Dès lors, la disposition en cause constitue une garantie supplémentaire pour le justiciable[158].

3°) Les débats doctrinaux

Cette disposition a également été largement commentée par la doctrine. Comme l'ont souligné Florence BELLIVIER et Judith ROCHFELD[159], ce texte modifie profondément la conception que l'on peut avoir du juge. Si l'on considère le rôle de ce dernier,

---

[158] Il faut noter que le Conseil constitutionnel a par ailleurs souhaité nuancer la rigueur de sa précédente jurisprudence de 1975 en jugeant que le principe d'égalité devant la justice ne s'opposait pas à ce que le législateur puisse « prévoir des règles de procédure différentes selon les faits, les situations et les personnes auxquelles elles s'appliquent à la condition que ces différences ne procèdent pas de discriminations injustifiées et que soient assurées aux justiciables des garanties égales, notamment quant au respect du principe des droits de la défense, qui implique en particulier l'existence d'une procédure juste et équitable ».

[159] BELLIVIER, Florence et ROCHFELD, Judith. Juridiction de proximité, juridiction-humilité ? R.T.D.civ., octobre-décembre 2002, p.848-853.

il n'est pas dans la tradition française de lui confier la charge de l'appréciation de sa propre compétence. Si l'on considère à l'inverse le rôle des parties, celles-ci ont la possibilité de demander le renvoi et d'évaluer ainsi la compétence du juge. Néanmoins, selon ces auteurs, la juridiction de proximité s'inscrit, avec cette disposition, comme une « juridiction-humilité ». L'idée sous-jacente est en effet de permettre au juge de proximité de ne pas juger lorsqu'il ne se sent pas capable de le faire. L'article L.331-4 pourrait alors participer de l'affirmation moderne d'un « droit à un bon juge », comme de l'émergence au rang de nouveau « principe directeur » du principe de dialogue, et précisément ici, de « dialogue entre les juridictions ».

Cependant, si ce nouveau mécanisme permet de renforcer les garanties pour les justiciables et s'avère d'autant plus légitime que la juridiction de proximité statue à juge unique et le plus souvent sans appel possible, certains auteurs[160] estiment qu'il risque de ralentir de façon importante le délai de traitement de l'affaire par la juridiction de proximité et d'alourdir la tâche du juge d'instance[161].

2. Le renvoi des exceptions d'incompétence

a) Le mécanisme prévu par l'article 847-5 alinéa 1 du nouveau code de procédure civile

En vertu de l'article 847-5 alinéa 1 du nouveau code de procédure civile : « le juge de proximité renvoie toutes les exceptions d'incompétence au juge d'instance. Sa décision peut revêtir la forme d'une simple mention au dossier ». Une telle disposition cadre mal avec les articles 49 du nouveau code de procédure civile ou R.331-2 du code de l'organisation judiciaire, lesquels disposent que toute juridiction, et spécialement les juridictions de proximité, connaissent de tous types de moyens de défense, sauf compétence

---

[160] V. notamment Catherine COLENO et Jean-Jacques BARBIERI, préc.

[161] Sur l'application en situation contentieuse de cette disposition : V. Partie II, Chap. 2.

exclusive[162]. Autrement dit, si le juge connaît de tous types de moyens de défense, il connaît notamment des exceptions d'incompétence et on ne comprend alors donc pas pourquoi il devrait les renvoyer au tribunal d'instance.

Certes, il est possible de voir dans les nouvelles dispositions des exceptions aux articles mentionnés du nouveau code de procédure civile. Mais les articles 38, 49 et 51 figurent dans le titre 3 intitulé « la compétence », lui-même inséré dans le livre 1er intitulé « dispositions communes à toutes les juridictions ». Puisque l'objectif de la juridiction de proximité était de rendre la justice accessible aux particuliers, il aurait été souhaitable de signaler formellement ces nouvelles exceptions dans l'exposé des règles de compétence du nouveau code de procédure civile.

En outre, comme l'ont relevé M.M CHEVALIER et MOUSSA, ce mécanisme ne vise pas les exceptions de litispendance ou de connexité (qui font l'objet d'une section distincte dans le nouveau code de procédure civile) alors que leur mode de traitement est le même que celui des exceptions d'incompétence.

Toutefois, les difficultés apparaissent encore plus grandes lorsque l'on s'intéresse au pouvoir d'office du juge.

b) Le mécanisme prévu par l'article 847-5 alinéa 2 du nouveau code de procédure civile

Le nouvel article 847-5 alinéa 2 du nouveau code de procédure civile précise que : « le juge de proximité peut toujours relever d'office son incompétence ainsi que le tribunal d'instance au profit du juge de proximité », sauf en matière d'injonction de payer où l'article 1406 en fait une obligation. Or, l'article 92 du même code prévoit, quant à lui, que : « l'incompétence peut être prononcée d'office en cas de violation d'une règle de compétence d'attribution lorsque cette règle est d'ordre public ou lorsque le défendeur ne comparaît pas ». Et l'article 92 de préciser : « elle ne

162 Ainsi, si l'exception ou le moyen de défense implique l'examen d'une question de nature immobilière pétitoire, l'alinéa 2 de l'article R.331-2 précise que la juridiction de proximité doit relever son incompétence au profit du tribunal de grande instance.

peut l'être qu'en ces cas ». Ici, la conciliation entre ces dispositions est plus difficile. En effet, il ne semble pas exister de rapport de principe à exception car l'article 92 précise expressément que l'incompétence ne peut être prononcée d'office qu'en ces cas. Pour ne pas être dans une impasse, une explication apparaît alors. Puisque le juge de proximité peut soulever d'office son incompétence, il faudrait analyser la répartition des compétences entre le juge de proximité, le tribunal d'instance et le tribunal de grande instance en fonction du montant de la demande comme une répartition de compétences d'ordre public.

Cependant, il convient immédiatement de noter que la répartition de compétences en fonction du montant des demandes a toujours été analysée comme une répartition de compétences d'intérêt privé, en ce sens que les parties peuvent dans certaines conditions y déroger (sauf en matière d'injonction de payer pour laquelle l'article 1406 qualifie expressément les règles de compétence d'ordre public). En outre, du fait que la répartition des compétences en fonction de la valeur de la demande n'est pas exclusive, elle ne peut en aucun cas être d'ordre public[163]. Preuve en est, l'article 41 du nouveau code de procédure civile permet aux parties, une fois le litige né, de décider de faire juger par le tribunal d'instance une demande qui, en raison de son montant, aurait dû échoir au tribunal de grande instance ou inversement. Les termes mêmes de cet article 41, très généraux, semblent pouvoir inclure la juridiction de proximité[164]. Cette disposition précise en effet que : « le litige né, les parties peuvent toujours convenir que leur différend sera jugé par une juridiction bien que celle-ci soit incompétente en raison du montant de la demande ». Si les parties

---

[163] La majorité de la doctrine s'accorde sur ce point. V. notamment CADIET, Loïc. *Droit judiciaire privé*, Litec, 3ième éd., 2000 ; FRICERO, Nathalie, *Procédure civile*, Gualino, 2ième éd., 2002, p.45.

[164] En ce sens, V. J. Vincent et S. GUINCHARD, *Procédure civile*, Précis Dalloz, 27ième éd., 2003, n°185.

peuvent déroger à ces règles de compétence, c'est donc qu'elles ne sont pas d'ordre public[165].

Comment alors concilier cette disposition avec le nouvel article 847-5 du nouveau code de procédure civile lequel, combiné avec l'article 92, impose de considérer les compétences du juge de proximité, du tribunal d'instance et du tribunal de grande instance pour les demandes personnelles et mobilières, comme d'ordre public ? La seule explication possible est donc que le législateur a souhaité instaurer une dérogation concernant la juridiction de proximité et le tribunal d'instance en omettant de modifier la rédaction de l'article 92 du nouveau code de procédure civile. Il convient alors de conclure que la répartition des compétences entre le tribunal d'instance et la juridiction de proximité est d'ordre public et que les parties ne sauraient proroger d'un commun accord la compétence du juge de proximité. A défaut d'une telle disposition, des parties peu enclines à porter leur litige devant le juge de proximité pourraient décider de s'adresser à un juge professionnel qu'est le juge d'instance, ce qui augmenterait la charge de travail de ce dernier et priverait la juridiction de proximité du contentieux qu'elle a vocation à connaître.

Enfin, il est important de noter la simple faculté pour le juge de proximité de relever d'office son incompétence. Ainsi que l'a remarqué M. MARTIN[166], pour la cohérence du texte, il aurait été souhaitable de remplacer le verbe « pouvoir » par le verbe « devoir ». En effet, le verbe « pouvoir » indique que le juge est maître de sa compétence. Il lui est loisible de la retenir ou de l'écarter par une décision qui ne peut être qu'arbitraire, ce qui contredit ouvertement le procès équitable. Néanmoins, un tel choix rédactionnel est loin d'être anodin et permet de décharger la Cour de cassation d'éventuels pourvois. Si le juge avait le devoir de relever d'office son incompétence, il pourrait être soutenu devant la haute juridiction qu'il devait le faire et qu'il ne l'a pas fait,

---

165 Comme l'explique J. Héron (*Droit judiciaire privé,* Montchrestien, coll. Domat droit privé, 2ième éd., 2002 par T. Le Bars, n°984) : « il va de soi que l'on ne saurait déroger conventionnellement à une règle de compétence d'ordre public. C'est là une simple application de l'article 6 du code civil ».

166 V. note 131.

d'où une porte ouverte aux pourvois. S'il n'en a que le pouvoir, il l'exerce dans sa souveraineté et sa décision ne saurait donner prise à cassation.

c) Le déroulement de la procédure

Dès lors qu'une ou les parties soulèvent une exception d'incompétence ou que lui-même relève d'office son incompétence, le juge de proximité renvoie le dossier au juge d'instance. Dans tous les cas, la décision de renvoi peut revêtir la forme d'une simple mention au dossier et n'est pas susceptible de recours.

La décision que rend le juge d'instance sur la compétence répond aux dispositions des articles 96 et 97 du nouveau code de procédure civile, sauf qu'elle est sans recours si elle est relative à sa propre compétence ou à celle du juge de proximité.

Quatre cas sont donc à envisager.

- Si le juge d'instance estime que l'affaire qui lui est renvoyée relève d'une juridiction répressive, administrative, arbitrale ou étrangère, il renvoie les parties à mieux se pourvoir.

- Si le juge d'instance estime que l'affaire relève de la compétence d'une autre juridiction, il désigne la juridiction compétente. La voie du contredit est alors ouverte.

- Si le juge d'instance estime que l'affaire relève de sa compétence, sa décision est sans recours et peut prendre la forme d'une simple mention au dossier. L'instance se poursuit devant lui.

- Si le juge d'instance estime que l'affaire relève de la compétence du juge de proximité, sa décision est également sans recours. Il renvoie l'affaire au juge de proximité et sa décision peut, de même, revêtir la forme d'une simple mention au dossier. Si la juridiction de proximité est située dans son ressort, il n'est pas nécessaire de faire application des dispositions de l'article 97 du nouveau code de procédure civile relatives aux modalités de transmission du dossier de l'affaire à un tribunal désigné, celle-ci étant inscrite (ou réinscrite si le litige avait été initialement porté devant la juridiction de proximité) au rôle de la juridiction de proximité par le greffe commun.

Dans les 3 derniers cas, la désignation par le tribunal d'instance de la juridiction compétente s'impose aux parties et au juge de renvoi, comme en dispose le second alinéa de l'article 96 du nouveau code de procédure civile auquel fait référence l'article 847-5 du même code (article 20 du décret du 23 juin 2003).

Section 2. La procédure en matière pénale

Selon l'article L.331-5 du code de l'organisation judiciaire : « en matière pénale, les règles concernant la compétence et le fonctionnement de la juridiction de proximité ainsi que celles relatives au ministère public près cette juridiction sont fixées par le deuxième alinéa de l'article 521 du code de procédure pénale et, en ce qui concerne les mineurs, par l'article 21 de l'ordonnance n°45-174 du 2 février 1945 relative à l'enfance délinquante ». Il convient donc de distinguer les règles de procédure selon qu'elles concernent des majeurs (§ 1) ou des mineurs (§ 2).

§ 1. La procédure à l'égard des majeurs

De même qu'en matière civile, la procédure en matière pénale applicable devant la juridiction de proximité ne fait l'objet d'aucune innovation puisque ce sont les règles procédurales concernant le tribunal de police qui s'appliquent devant elle[167].

La compétence ratione loci est la même que celle du tribunal de police, à savoir : le lieu de commission, de constatation de l'infraction ou de résidence du prévenu[168].

Par ailleurs, lorsque la juridiction de proximité constate que la qualification retenue dans l'acte qui la saisit concerne des faits relevant de la compétence du tribunal de police, elle renvoie l'affaire devant ce tribunal après s'être déclarée incompétente. Il en est de même lorsque le tribunal de police est saisi de faits relevant

---

[167] Pour cette raison, le Conseil constitutionnel n'a pas retenu dans sa décision du 29 août 2002 précitée la contrariété à l'article 16 de la D.D.H.C.

[168] Article 522-1 du code de procédure pénale.

de la juridiction de proximité. Ce renvoi peut le cas échéant se faire à une audience qui se tient le même jour[169].

La saisine du juge de proximité en matière pénale peut s'effectuer soit par renvoi de la juridiction d'instruction, soit par la comparution volontaire des parties soit par la citation délivrée directement au prévenu et à la personne civilement responsable de l'infraction[170].

La procédure applicable devant le juridiction de proximité en matière pénale à l'égard des majeurs conduit à s'intéresser à l'application des procédures simplifiées (A), aux règles de représentation du ministère public (B) et à la possibilité de statuer sur l'action civile (C).

A. L'application des procédures simplifiées

Les règles relatives à la procédure de jugement par ordonnance pénale[171] s'appliquent devant la juridiction de proximité pour les contraventions relevant de sa compétence[172]. Mécanisme simplifié de jugement des contraventions de police sans comparution de la personne poursuivie, la procédure de jugement par ordonnance pénale est mise en œuvre par le ministère public qui communique le dossier de la poursuite et ses réquisitions au juge de proximité. Ce dernier statue alors sans débat préalable par une ordonnance pénale. En cas d'opposition formée par le ministère publique ou par le prévenu, l'affaire est portée devant la juridiction de proximité dans les formes de la procédure ordinaire.

De même, les règles relatives à la procédure de l'amende forfaitaire[173] sont applicables devant la nouvelle juridiction. L'amende forfaitaire est une modalité d'extinction de l'action publique propre à certaines contraventions des quatre premières classes dont la

---

169 Article 522-2 du code de procédure pénale.

170 Article 531 du code de procédure pénale.

171 Articles 524 à 528-2 du code de procédure pénale.

172 V. chapitre 2 : depuis la loi du 26 janvier 2005, il s'agit des contraventions des quatre premières classes.

173 Articles 529 à 530-3 du code de procédure pénale.

liste est fixée par l'article R.48-1 du code de procédure pénale[174]. En s'acquittant du montant de l'amende soit immédiatement entre les mains de l'agent verbalisateur, soit de manière différée au moyen par exemple d'un timbre-amende, le contrevenant évite toute poursuite. Néanmoins, pour les contraventions des quatre premières classes entrant dans le champ d'application de l'article R.48-1 du même code[175], le juge de proximité peut connaître des contestations relatives aux amendes forfaitaires en cas d'incidents contentieux relatifs à l'exécution du titre exécutoire et à la rectification des erreurs matérielles qu'il peut comporter ou suite au refus du ministère public de faire droit à la réclamation formulée par l'intéressé.

B. La représentation du ministère public

Conformément à l'article 523-1 alinéa 2 du code de procédure pénale : « les fonctions du ministère public près la juridiction de proximité sont exercées par un officier du ministère public conformément aux dispositions des articles 45 à 48 du présent code ». La redéfinition du champ de compétence du juge de proximité en matière pénale conduit à une simplification des règles de représentation du ministère public. En effet, lorsque la juridiction de proximité statuait sur des contraventions de cinquième classe, les fonctions de ministère public étaient exercées par le procureur de la république près le tribunal de grande instance ou l'un de ses substituts. En revanche, pour les contraventions des quatre premières classes relevant de la compétence du juge de proximité, ces fonctions étaient en principe assurées par un commissaire de police. Il était donc nécessaire d'organiser des audiences différentes pour les contraventions des quatre premières classes et pour celles de cinquième classe.

174 Décret n°2002-801 du 3 mai 2002.

175 A titre d'exemple, on peut citer les contraventions réprimées par le code de la route qu'elles entraînent ou non un retrait des points affectés au permis de conduire, l'article R.632-1 du code pénal relatif au dépôt ou à l'abandon de matières, d'ordures ou de déchets dans les bois, forêts et terrains à boiser, l'article R.322-5 du code forestier relatif à la protection contre l'incendie…

La juridiction de proximité n'étant plus compétente pour le jugement des contraventions de cinquième classe, les fonctions du ministère public sont donc en principe toujours assurées par un commissaire de police. Il existe cependant deux exceptions. D'abord, le procureur de la république près le tribunal de grande instance peut occuper le siège du ministère public en toute matière devant la juridiction de proximité s'il le juge à propos, au lieu et place du commissaire de police[176]. Ensuite, s'agissant des infractions forestières[177], les fonctions du ministère public sont remplies, soit par un ingénieur des eaux et forêts, soit par un chef de district ou un agent technique désigné par le conservateur des eaux et forêts.

C. La possibilité de statuer sur l'action civile

L'article 539 alinéa 2 du code de procédure pénale permet au tribunal de police ou à la juridiction de proximité de statuer s'il y a lieu sur l'action civile, conformément aux dispositions de l'article 464, alinéas 2 et 3. Le juge de proximité peut donc statuer en matière d'intérêts civils et a la faculté, s'il ne peut se prononcer en l'état sur la demande en dommages-intérêts, d'accorder à la partie civile une provision, exécutoire nonobstant opposition ou appel. En outre, après avoir statué sur l'action publique, le juge de proximité peut, d'office ou à la demande du procureur de la république ou des parties, renvoyer l'affaire à une date ultérieure pour statuer sur l'action civile, même s'il n'ordonne pas de mesure d'instruction, afin de permettre à la partie civile d'apporter les justificatifs de ses demandes. Ce renvoi est de droit lorsqu'il est demandé par les parties civiles. Le juge doit alors fixer la date de l'audience à laquelle il sera statué sur l'action civile.

---

[176] Article 45 du code de procédure pénale.

[177] Le juge de proximité est notamment compétent pour les contraventions réprimées par l'article R.322-5 du code forestier relatif à la défense et à la lutte contre les incendies (contraventions de quatrième classe).

Ainsi que le rappelle la circulaire du 12 septembre 2003[178], la juridiction de proximité demeure compétente quel que soit le montant des dommages-intérêts sollicité comme l'est le tribunal de police, sans plafond de compétence. Aucune limite n'est donc imposée en ce qui concerne l'allocation des dommages et intérêts à la victime.

§ 2. La procédure à l'égard des mineurs

L'article L.331-5 du code de l'organisation judiciaire renvoie à l'article 21 de l'ordonnance n°45-174 du 2 février 1945 relative à l'enfance délinquante pour les règles procédurales applicables devant la juridiction de proximité lorsqu'elle statue sur des contraventions des quatre premières classes commises par des mineurs.

D'abord, elle siège dans les conditions de publicité prescrites à l'article 14 de l'ordonnance précitée pour le tribunal pour enfant. Ainsi, chaque affaire est jugée séparément en l'absence de tous autres prévenus.

Ensuite, si la contravention est établie, le juge pourra soit simplement admonester le mineur, soit prononcer la peine d'amende prévue par la loi. Toutefois, les mineurs de treize ans ne pourront faire l'objet que d'une admonestation.

Enfin, si le juge estime utile, dans l'intérêt du mineur, l'adoption d'une mesure de surveillance, il pourra, après le prononcé du jugement, transmettre le dossier au juge des enfants qui aura la faculté de placer le mineur sous le régime de la liberté surveillée.

Conclusion

L'un des objectifs visés par la création de la juridiction de proximité était de réconcilier les justiciables confrontés à des petits litiges avec le service public de la justice afin de leur permettre d'accéder plus facilement au juge. Or, mises à part quelques spéci-

---

178 Circulaire de la direction des services judiciaires du 12 septembre 2003 relative au fonctionnement des juridictions de proximité. B.O. du ministère de la justice n°91.

ficités, la procédure applicable devant la juridiction de proximité est la même que celle suivie devant le tribunal d'instance. Cette absence d'innovation procédurale peut apparaître surprenante eu égard aux ambitions du législateur, voire regrettable. Force est de constater que l'instauration des juridictions de proximité ne s'accompagne d'aucune refonte du système d'accès au droit et à la justice des petits litiges des particuliers et notamment, d'aucune réforme des mécanismes d'accès au juge et de traitement par celui-ci de ces litiges.

Certes, plusieurs règles de procédure applicables devant le tribunal d'instance sont destinées à faciliter l'accès au juge. Cependant, certaines d'entre elles révèlent des limites. A coté des risques liés au caractère facultatif de la représentation par avocat, les inconvénients de la procédure de déclaration au greffe ont pu être soulignés[179]. De même, l'inanité et la complexité de la procédure d'injonction de faire fait figure d'antienne[180]. Par conséquent, il aurait été souhaitable de revoir ces mécanismes et par exemple, de revaloriser le système de l'aide juridictionnelle afin de permettre plus largement au justiciable de recourir à un conseil, de remplacer la procédure d'injonction de faire par une procédure simplifiée

---

[179] V. COULON, Jean-Marie. Réflexions et propositions sur la procédure civile : rapport au ministre de la justice. Paris : la documentation française, 1997, p.55. L'auteur note le faible pourcentage des saisines par déclaration au greffe (2,5%) et insiste sur le fait qu'outre les difficultés attachées à la convocation par lettre recommandée avec demande d'avis de réception, elle contraint le greffier, voire le magistrat, à assumer un rôle qui n'est pas le leur. En effet, le justiciable, dans la plupart des cas, se présente en personne sans pouvoir formuler clairement l'objet de sa demande. Dans ces conditions, la personne qui le reçoit ne peut enregistrer sa déclaration sans l'aider à finaliser ses prétentions au risque de sortir de la stricte neutralité qui s'impose à l'institution judiciaire.

[180] On lui reproche un manque d'efficacité certain dès lors que la décision du juge ne constitue pas un titre exécutoire. En cas de refus de faire, le demandeur doit saisir le juge du fond pour obtenir ce titre.

analogue à celle mise en place au Royaume-Uni et en Irlande[181] ou encore d'établir une plus grande homogénéité des saisines[182].

Néanmoins, les regrets suscités par l'absence d'innovation procédurale pourraient être compensés si le juge de proximité faisait montre d'une meilleure disponibilité afin de faire application des règles de procédure simplifiées que les tribunaux d'instance n'ont plus le temps de respecter[183].

Par ailleurs, la loi du 26 janvier 2005 n'apporte aucune innovation concernant la procédure applicable devant la juridiction de proximité. Pourtant, certains éclaircissements de la part du législateur, notamment à propos du pouvoir pour le juge de proximité de soulever d'office son incompétence, auraient été nécessaires[184].

En outre, il est possible de regretter l'inapplicabilité à la matière pénale de l'article L.331-4 du code de l'organisation judiciaire concernant le renvoi pour difficulté juridique sérieuse. En effet, le juge pénal a une plénitude de juridiction. Il peut interpréter les

---

[181] V. en ce sens : VERICEL, Marc. Pour une véritable justice de proximité en matière civile. J.C.P. éd. G., 2003, n°10, chron. 114, p. 392. Le juge serait saisi par assignation ou rédaction d'un formulaire. Une copie serait adressée au défendeur pour qu'il formule ses observations dans un délai d'un mois. En l'absence de réponse ou de contestation sérieuse de la demande, le juge pourrait prendre une décision assortie d'une injonction d'exécuter non susceptible d'opposition, sauf motif légitime. En cas de contestation sérieuse de la demande, l'affaire serait automatiquement renvoyée à un conciliateur désigné par le juge disposant d'un bref délai pour proposer à ce dernier une solution au litige.

[182] Lors de la consultation des magistrats dans les entretiens de Vendôme en 2001, le mode de saisine du tribunal a fait l'objet d'une attention particulière. La formule la plus souvent retenue consiste en la saisine de toutes les juridictions par la voie d'une assignation comportant l'exposé des motifs du litige, accompagnée soit des pièces elles-mêmes (et pour certains à peine d'irrecevabilité) soit de la liste des pièces.

[183] Sur l'application en situation contentieuse des règles de procédure par le juge de proximité : V. Partie II.

[184] Cette question continue à susciter des controverses doctrinales, certains auteurs estimant que la compétence de principe du juge de proximité n'est pas d'ordre public. V. notamment sur ce point : BLERY, Corinne. Les aspects civils de la loi n°2005-47 du 26 janvier 2005 relative aux compétences du tribunal d'instance, de la juridiction de proximité et du tribunal de grande instance. D., 2005, n° 7, doctrine, p. 461-463.

actes administratifs, réglementaires ou individuels et en apprécier la légalité lorsque de cet examen dépend la solution du procès qui lui est soumis (art. 111-5 du code pénal). Il peut également exercer un contrôle de conventionnalité des lois. Or, le juge de proximité confronté à de telles questions n'a pas la même ressource qu'au civil de transférer au juge professionnel les dossiers posant une difficulté juridique sérieuse. L'hypothèse ne semble pas devoir être considérée comme un cas d'école, même en matière contraventionnelle, car un certain nombre de justiciables n'hésitent pas à discuter la validité du texte qui fonde la poursuite dont ils font l'objet.

Enfin, l'impossibilité de former appel contre la plupart des décisions rendues par le juge de proximité (sauf pour les demandes indéterminées ayant pour origine l'exécution d'une obligation dont le montant n'excède pas 4000 euros) fait apparaître un paradoxe : la majorité des décisions d'un magistrat non professionnel est immédiatement exécutoire car insusceptible d'appel, alors que le principe est exactement l'inverse pour un magistrat professionnel[185]. Le risque est alors de voir les plaideurs (tout au moins assistés d'un conseil) gonfler anormalement leurs demandes pour faire passer à leurs affaires le cap des 4000 euros (taux de ressort et petit taux de compétence). Dans une telle perspective, la charge de travail du juge d'instance ne serait pas allégée et deviendrait même plus importante qu'auparavant (le taux de compétence du tribunal d'instance ayant été relevé à 10000 euros).

---

[185] V. en ce sens, BLERY, Corinne précitée.

TITRE 2 : LE STATUT DU JUGE DE PROXIMITE

La loi du 26 janvier 2005 n'apporte pas d'innovations concernant le statut du juge. Pour avoir un panorama complet de ce statut, il convient donc de se référer à la loi organique du 26 février 2003[186]. Constituant la seconde étape de l'instauration des juridictions de proximité après la loi d'orientation et de programmation pour la justice du 9 septembre 2002, elle ajoute, à la suite du chapitre V quater de l'ordonnance n°58-1270 du 22 décembre 1958 portant loi organique relative au statut de la magistrature, un « chapitre V quinquies » relatif aux juges de proximité.

Les nouveaux articles 41-17 à 41-23 insérés dans l'ordonnance déterminent les règles statutaires qui sont applicables aux juges de proximité en matière de recrutement, de nomination, de formation, d'incompatibilité et de discipline. Le décret d'application du 15 mai 2003[187] et l'arrêté du même jour[188] précisent les conditions et modalités du recrutement des juges de proximité.

Dans sa décision du 29 août 2002 précitée, le Conseil constitutionnel avait imposé que la future loi fixant les conditions de désignation et le statut des membres de la nouvelle juridiction comporte des garanties appropriées permettant de satisfaire au principe d'indépendance, indissociable de l'exercice de fonctions juridictionnelles, et aux exigences de capacité qui découlent de l'article 6 de la Déclaration de 1789. Cette solution s'inspire d'une jurisprudence antérieure concernant le statut des magistrats à titre

---

[186] Loi organique n°2003-153 du 26 février 2003 relative aux juges de proximité. J.O. n°49 du 27 février 2003, page 3479.

[187] Décret n°2003-438 du 15 mai 2003 modifiant le décret n°93-21 du 7 janvier 1993 pris pour l'application de l'ordonnance n°58-1270 du 22 décembre 1958 portant loi organique relative au statut de la magistrature.

[188] Arrêté du 15 mai 2003 pris en application de l'article 35-14 du décret n°93-21 du 7 janvier 1993 modifié pris pour l'application de l'ordonnance n°58-1270 du 22 décembre 1958 portant loi organique relative au statut de la magistrature. J.O. n°114 du 17 mai 2003, page 8491.

temporaire. En effet, dans sa décision du 21 février 1992[189], le Conseil constitutionnel avait affirmé le principe selon lequel : « la Constitution ne fait [...] pas obstacle à ce que, pour une part limitée, des fonctions normalement réservées à des magistrats de carrière puissent être exercées à titre temporaire par des personnes qui n'entendent pas pour autant embrasser la carrière judiciaire ». Il avait néanmoins encadré cette importante innovation en subordonnant ses déclinaisons à la définition « des garanties appropriées permettant de satisfaire à la fois au principe d'indépendance indissociable de l'activité juridictionnelle et aux exigences de capacité découlant de l'article 6 de la Déclaration des droits de l'homme et du citoyen de 1789 ».

Saisi selon la procédure prévue par l'article 61 alinéa 1 de la Constitution[190], les « 9 sages » estimèrent dans une décision du 20 février 2003[191], au prix de quelques réserves d'interprétation et d'une censure, que la loi organique répondait aux exigences d'indépendance et de capacité et devait donc être considérée comme conforme à la Constitution. Le statut des juges de proximité s'articule ainsi autour de ces principes essentiels aux yeux des juges constitutionnels et nécessite donc d'examiner précisément quels éléments sont susceptibles de satisfaire aux exigences d'indépendance (Chapitre 1) et de capacité (Chapitre 2).

---

[189] Décision n°92-305 DC du 21 février 1992.

[190] En vertu de ce texte : « les lois organiques, avant leur promulgation (...) doivent être soumises au Conseil constitutionnel, qui se prononce sur leur conformité à la Constitution ».

[191] Décision n°2003-466 DC du 20 février 2003 concernant la loi organique relative aux juges de proximité. J.O. n°49 du 27 février 2003, p.3480.

Chapitre 1. Les exigences d'indépendance

Afin de vérifier que le statut des juges de proximité répondait aux exigences d'indépendance, le Conseil constitutionnel s'est appuyé sur l'article 16 de la Déclaration des droits de l'homme et du citoyen de 1789[192]. L'intérêt de cette référence tient à ce que cet article porte, en droit interne, les exigences du « procès équitable », énoncées en droit européen par l'article 6 de la Convention européenne de sauvegarde des droits de l'homme et des libertés fondamentales. Plus généralement, la référence à l'article 16 de la Déclaration des droits de l'homme et du citoyen de 1789 permet d'ancrer dans le droit positif constitutionnel des composantes de la notion de « sécurité juridique »[193].

La soumission de principe au statut de la magistrature (Section 1), le caractère non renouvelable des fonctions (Section 2), l'existence de certaines incompatibilités dans l'exercice concomitant d'une autre activité professionnelle (Section 3) sont autant d'éléments destinés à satisfaire aux exigences d'indépendance posées par le Conseil constitutionnel.

Section 1. La soumission de principe au statut de la magistrature

L'article 41-20 de l'ordonnance du 22 décembre 1958 soumet expressément le juge de proximité au statut de la magistrature, à l'instar des magistrats judiciaires. Cette exigence, destinée à renforcer l'indépendance des nouveaux juges, a rendu nécessaire l'intervention d'une loi organique (§ 1) et emporte plusieurs conséquences sur le statut du juge de proximité (§ 2).

---

[192] Considérant 23 de la décision du 20 février 2003.

[193] En ce sens, V. Cons. Const., 13 janvier 2003, déc. n°2002-465 DC, considérant 4.

§ 1. La nécessité d'une loi organique pour garantir le statut du juge de proximité

L'intervention d'une loi organique répond aux exigences posées par le Conseil d'Etat et par le Conseil constitutionnel (A). Elle a eu pour conséquence, lors du vote de la loi du 9 septembre 2002 instituant les juridictions de proximité, un examen distinct des volets institutionnels et statutaires (B).

A. Les exigences du Conseil d'Etat et du Conseil constitutionnel

L'avant-projet de loi d'orientation et de programmation pour la justice comportait à l'origine un volet statutaire mais le Conseil d'Etat a disjoint ce volet, estimant qu'il relevait de la loi organique en vertu de l'article 64 de la Constitution, au terme duquel les dispositions mettant en cause le statut des magistrats relèvent du domaine de cette catégorie de loi dont on sait qu'elle n'intervient que dans les domaines et pour les objets limitativement énumérés par la Constitution.

Selon M. SCHOETTL[194], le Conseil d'Etat a sans doute considéré que, compte tenu de la nature des attributions confiées au juge de proximité, comme de l'intensité des liens tissés par la loi entre juge d'instance et juge de proximité[195], ce dernier se trouverait dans la situation d'une catégorie de juges existant déjà, celle des juges non professionnels exerçant à titre temporaire au sein des juridictions judiciaires. Or, le Conseil constitutionnel avait justement considéré que le statut de ces juges temporaires devait les soumettre aux droits et obligations applicables aux magistrats professionnels « sous la seule réserve des dispositions spécifiques

[194] SCHOETTL, Jean-Eric (conseiller d'état). Le statut des juges de proximité devant le Conseil constitutionnel. Petites affiches, 13 mars 2003, n°52, p.7-22.

[195] Les compétences du second sont « prélevées » sur les compétences actuelles du premier. Le premier remplace le second en cas d'indisponibilité. Le second peut renvoyer des affaires au premier. Les règles de procédure leur sont communes. Les moyens matériels seront partagés.

qu'impose l'exercice à titre temporaire de leurs fonctions[196] ». Les « neuf sages » en avaient ainsi déduit que le statut des magistrats temporaires devait figurer dans une loi organique, bien que les intéressés ne fussent pas des magistrats de carrière.

L'hypothèse était cependant un peu différente de celle des juges de proximité puisque les magistrats exerçant à titre temporaire exerçaient leurs fonctions au sein même des juridictions judiciaires ordinaires, sans constituer comme les juges de proximité, une juridiction à part entière. Dans ces conditions, leur statut présentait une « adhérence naturelle à celui des magistrats professionnels ».

A l'instar du Conseil d'Etat, le Conseil constitutionnel s'est également convaincu du caractère organique de la loi déterminant le statut des juges de proximité. Dans sa décision du 20 février 2003 précitée, il considère ainsi que les dispositions de la loi soumise à son examen ont un caractère organique, à l'exception de l'article 41-18 nouveau de l'ordonnance du 22 décembre 1958[197]. Pour motiver sa décision, il énonce notamment que : « si les fonctions de magistrat de l'ordre judiciaire doivent en principe être exercées par des personnes qui entendent consacrer leur vie professionnelle à la carrière judiciaire, la Constitution ne fait pas obstacle à ce que, pour une part limitée, des fonctions normalement réservées à des magistrats de carrière puissent être exercées à titre temporaire par des personnes qui n'entendent pas pour autant embrasser la carrière judiciaire, à condition que, dans cette hypothèse, des garanties appropriées permettent de satisfaire au principe d'indépendance, indissociable de l'exercice de fonctions judiciaires, ainsi qu'aux exigences de capacité, qui découlent de l'article 6 de la Déclaration de 1789 (...). Il importe à cette fin que

[196] Décision n°92-305 DC du 21 février 1992 précitée et décision n°95-355 DC du 10 janvier 1995.

[197] Ce texte confie l'organisation de l'activité et des services de la juridiction de proximité au magistrat du siège du tribunal de grande instance chargé de l'administration du tribunal d'instance dans le ressort duquel se trouve la juridiction de proximité. Or, selon le Conseil constitutionnel, les dispositions de cet article, qui tendent à une bonne administration de la justice et ne méconnaissent pas l'indépendance des juges de proximité, ont valeur de loi ordinaire.

les intéressés soient soumis aux droits et obligations applicables à l'ensemble des magistrats sous la seule réserve des dispositions spécifiques qu'impose l'exercice à titre temporaire ou partiel de leurs fonctions ».

La nécessité d'une loi organique pour fixer le statut des juges de proximité a conduit à un examen distinct des volets institutionnels et statutaires.

B. L'examen distinct des volets institutionnels et statutaires

Les contraintes de calendrier imposées pour le vote d'une loi organique n'ont pas permis au parlement d'examiner ce texte organique concomitamment à celui de la loi d'orientation et de programmation pour la justice au cours de la session extraordinaire de l'été 2002.

En effet, aux termes de l'article 46 de la Constitution, la procédure d'adoption de ces lois est plus contraignante que celle des lois ordinaires. Les lois organiques ne peuvent être soumises à la discussion et au vote que quinze jours à compter de leur dépôt. En outre, à défaut d'accord entre l'Assemblée nationale et le Sénat sur le contenu des dispositions, l'Assemblée ne peut faire prévaloir son point de vue sur celui du Sénat qu'en statuant en dernière lecture à la demande du gouvernement conformément à l'article 45 alinéa 4 et en se prononçant à la majorité absolue de ses membres. Enfin, la transmission du texte avant sa promulgation au Conseil constitutionnel est obligatoire en application de l'article 61 alinéa 1 de la Constitution et le Conseil doit statuer sur l'ensemble des dispositions du projet de loi organique sans se contenter de répondre aux critiques ciblées des sénateurs ou députés.

Il a résulté de cette disjonction de texte et de procédure une adoption anticipée de la loi du 9 septembre 2002 bien qu'elle-même ait été déférée au contrôle du Conseil constitutionnel en vertu de l'article 61 alinéa 2 de la Constitution[198]. Lors du contrôle

---

[198] Par une première saisine émanant de plus de soixante députés le 5 août 2002 et, le lendemain, par une saisine émanant de plus de soixante sénateurs (sachant que les deux saisines mettaient en cause les mêmes dispositions).

de cette loi ordinaire, le Conseil avait précisé dans sa décision du 29 août 2002 que les dispositions relatives à la juridiction de proximité contenues dans cette première loi ne déploieraient leurs effets qu'après l'adoption du volet statutaire et seulement si celui-ci était déclaré conforme à la Constitution par le Conseil constitutionnel. Par conséquent, si la loi organique du 26 février 2003 n'avait pu voir le jour, c'est tout le titre II de la loi du 9 septembre 2002 qui serait resté définitivement « paralysé » et inappliqué.

La saisine des parlementaires à l'encontre de la loi ordinaire a justement tenté de remettre en cause cette scission des textes comme entachant de nullité le titre II « inachevé » chargé de définir seulement les compétences, l'organisation et le fonctionnement de la juridiction de proximité.

Le Conseil constitutionnel a rejeté l'argument d'incompétence négative du législateur. Dans sa décision du 29 août 2002, le Conseil ne conteste pas qu'au nombre des règles concernant la création de « nouveaux ordres de juridictions » et en vertu de l'article 34 de la Constitution figurent celles relatives au mode de désignation et, plus généralement, au statut de leurs membres[199]. Mais les « 9 sages » n'ont pas jugé contraire à la Constitution le fait que les dispositions relatives à la compétence et à l'organisation d'une juridiction soient présentées dans un texte à la fois antérieur et distinct de celui qui est relatif au statut de leurs membres. Il convient toutefois de préciser que l'adoption de ces deux textes n'aurait pas été possible dans l'ordre inverse puisque les garanties d'indépendance et de capacité que doit offrir le statut sont fonction des attributions exercées. A défaut, et s'agissant du statut, le législateur ne serait pas en mesure de se prononcer « en connaissance de cause ».

Cette antériorité de la loi ordinaire conduit cependant, selon MM. MATHIEU et VERPEAUX[200], à faire de la loi organique,

---

[199] Le Conseil constitutionnel en a jugé ainsi à propos des personnes appelées à siéger en qualité d'assesseurs au sein des tribunaux pour enfants (décision n°64-312 du 21 décembre 1964).

[200] MATHIEU Bertrand, VERPEAUX Michel, Jurisprudence constitutionnelle, J.C.P. 2003, n°26, 25 juin 2003, p.1195.

une loi d'application de la loi ordinaire. Ainsi, le contrôle des dispositions législatives contestées permet au Conseil constitutionnel d'adresser au législateur organique un certain nombre de directives. Directives d'autant plus suivies que la loi organique fera nécessairement l'objet d'un contrôle de constitutionnalité. Ce faisant, le Conseil reporte l'examen de la constitutionnalité des dispositions législatives à celui de la loi organique qui la mettra en œuvre.

Au terme d'un parcours tumultueux, le juge de proximité a ainsi été soumis au statut de la magistrature. Cette particularité a emporté plusieurs conséquences.

§ 2. Les conséquences de la soumission au statut de la magistrature

Comme il l'a été expliqué précédemment, la soumission de principe du juge de proximité au statut de la magistrature est destinée à renforcer l'indépendance et l'impartialité de celui-ci. Cette soumission entraîne ainsi différentes conséquences.

D'abord, l'article 41-19 de l'ordonnance du 22 décembre 1958 prévoit que les juges de proximité sont nommés « dans les formes prévues pour les magistrats du siège », c'est-à-dire par décret du président de la République sur proposition du garde des Sceaux et après avis conforme du Conseil supérieur de la magistrature[201].

Ensuite, ils sont soumis au principe de l'inamovibilité puisqu'ils ne peuvent recevoir aucun avancement de grade, ni être mutés sans leur consentement[202]. L'article 41-24 alinéa 2 précise également qu'il ne peut être mis fin à leurs fonctions qu'à leur demande ou au cas où aurait été prononcée à leur encontre la sanction de la fin de fonctions prévue à l'article 41-23.

Par ailleurs, le pouvoir d'avertissement et le pouvoir disciplinaire à l'égard du juge de proximité sont exercés dans les conditions prévues au chapitre VII de l'ordonnance du 22 décem-

[201] Les conditions détaillées de nomination des juges de proximité seront abordées dans le chapitre 2 du présent titre.

[202] Article 41-20 alinéa 3 de l'ordonnance du 22 décembre 1958.

bre 1958[203]. Cela signifie donc que le juge de proximité est soumis au même régime disciplinaire que les magistrats de l'ordre judiciaire. Tout manquement de sa part « aux devoirs de son état, à l'honneur, à la délicatesse ou à la dignité, constitue une faute disciplinaire ». Conformément à l'article 48 de l'ordonnance précitée, le pouvoir disciplinaire à l'égard du juge de proximité est exercé (comme à l'égard des magistrats du siège) par le Conseil supérieur de la magistrature, même si les sanctions encourues par le juge de proximité se trouvent assouplies[204].

Cependant, si les juges de proximité sont soumis aux mêmes droits et obligations que ceux applicables à l'ensemble des magistrats de carrière, le Conseil constitutionnel a admis l'existence de dispositions spécifiques liées à l'exercice à titre temporaire ou partiel de leurs fonctions[205].

Section 2. Le caractère non renouvelable des fonctions

Le juge de proximité étant un juge non professionnel (§ 1) et exerçant son activité de façon temporaire et à temps partiel (§ 2), le caractère non renouvelable de ses fonctions vise à garantir son indépendance.

§ 1. Un juge non professionnel

Certes, le juge de proximité est soumis au même statut que les magistrats de carrière. Cependant, il n'est pas un juge professionnel. En effet, dans sa décision du 20 février 2003, le Conseil constitutionnel a rappelé que l'insertion des conditions de désignation et des règles statutaires régissant les juges de proximité dans l'ordonnance du 22 décembre 1958 portant loi organique relative au statut de la magistrature n'a « ni pour objet ni pour effet d'intégrer les juges de proximité dans le corps judiciaire ».

---

203 Article 41-23 de l'ordonnance du 22 décembre 1958.

204 V. infra Section 2 § 2.

205 Sur les conséquences liées au caractère temporaire et à temps partiel des fonctions : Cf. Section 2 § 2.

L'idée de confier des missions juridictionnelles à des juges non professionnels n'est pas étrangère à l'organisation juridictionnelle française. Présents dans les tribunaux de commerce, les conseils de prud'hommes, les tribunaux paritaires des baux ruraux, les tribunaux des affaires de la sécurité sociale, les juges non professionnels occupent, de fait, une place importante dans notre système judiciaire[206].

Néanmoins, les juges de proximité se distinguent des autres juges non professionnels tels que les juges des tribunaux pour enfants, du tribunal paritaire des baux ruraux, les conseillers prud'homaux ou les juges consulaires car le processus de désignation n'est pas le même. En effet, les juges de proximité sont nommés dans les mêmes conditions que les magistrats de carrière et, ainsi qu'il l'a été expliqué dans les développements précédents, leur statut est posé par une loi organique, contrairement à ces « autres juges non professionnels » dont le statut est déterminé par le code de l'organisation judiciaire. En outre, ils doivent satisfaire à certaines conditions en ce qui concerne les connaissances juridiques (acquises par l'expérience). Ils sont donc nommés parce qu'ils sont réputés connaître la règle de droit, ce qui fonde leur légitimité. Enfin, à la différence des « autres juges non professionnels » ne statuant généralement pas à juge unique, mais en formation collégiale, voire dans des formations d'échevinage dans lesquelles ils sont encadrés par des juges professionnels leur apportant un éclairage juridique et processuel[207], les juges de proximité statuent seuls.

---

[206] Selon le rapport n°466 de M. Emile BLESSIG, député, fait au nom de la commission des lois, déposé le 11 décembre 2002, on dénombrait à l'époque 27000 juges non professionnels : 15000 conseillers prud'homaux, 3200 juges consulaires, 3500 dans les tribunaux paritaires des baux ruraux et 3400 à 3500 dans les tribunaux des affaires de la sécurité sociale.

[207] Comme dans le tribunal paritaire des baux ruraux, le tribunal pour enfants ou le tribunal des affaires de la sécurité sociale.

§ 2. Un juge exerçant ses fonctions temporairement et à temps partiel

Conformément à l'article 41-19 alinéa 1 de l'ordonnance du 22 décembre 1958, les juges de proximité sont nommés pour une durée de 7 années non renouvelable[208].

En première lecture, le Sénat, contre l'avis du gouvernement, avait jugé utile, quant à lui, de renouveler les fonctions de juge de proximité dès lors qu'ils avaient « fait leurs preuves ». Les députés ont néanmoins fait valoir le risque d'inconstitutionnalité d'un tel renouvellement. Celui-ci entrait en conflit avec les exigences posées par le Conseil constitutionnel dans sa décision du 29 août 2002 concernant le respect du « principe d'indépendance indissociable de l'exercice des fonctions juridictionnelles ». Le renouvellement, qui pouvait être regardé comme une atteinte à l'indépendance des intéressés, n'est donc plus possible dans le texte définitivement adopté.

Il résulte d'abord du caractère temporaire de l'activité que les juges de proximité ne peuvent être membres ni du Conseil supérieur de la magistrature, ni de la commission d'avancement, ni participer à la désignation des membres de ces instances[209].

Ensuite, l'article 41-20 alinéa 3 de l'ordonnance du 22 décembre 1958 modifiée précise qu'ils ne peuvent recevoir aucun avancement de grade, ni être mutés sans leur consentement.

Par ailleurs, l'article 13 de l'ordonnance précitée en vertu duquel : « les magistrats sont astreints à résider au siège de la juridiction à laquelle ils appartiennent ou sont rattachés » ne leur est pas applicable.

Enfin, les sanctions auxquelles ils s'exposent en cas de faute disciplinaire sont restreintes. Indépendamment de l'avertissement prévu à l'article 44 de l'ordonnance du 22 décembre 1958 et de la

---

[208] Il est intéressant de noter que la durée de 7 ans non renouvelable est déjà celle des magistrats à titre temporaire (art. 41-12 alinéa 1 de l'ordonnance du 22 décembre 1958) et des fonctionnaires détachés.

[209] Article 41-20 alinéa 2 de l'ordonnance du 22 décembre 1958.

réprimande avec inscription au dossier figurant au premier alinéa de l'article 45, l'article 41-23 prévoit que seule peut être prononcée, à titre de sanction disciplinaire, la fin des fonctions[210]. Cette disposition s'explique par le fait que des sanctions telles que le déplacement d'office, le retrait de certaines fonctions, l'abaissement d'échelon ou la rétrogradation, sont sans objet pour des juges qui ne font pas carrière dans la magistrature.

Au caractère temporaire des fonctions s'ajoute le fait qu'il s'agit d'une activité à temps partiel[211] afin de rappeler le caractère exceptionnel de l'exercice des fonctions judiciaires par des personnes n'ayant pas consacré leur vie professionnelle à la carrière judiciaire. Il s'ensuit que les juges de proximité peuvent exercer une activité professionnelle concomitamment à leurs fonctions judiciaires selon les réserves énoncées dans les développements à venir[212].

L'exercice temporaire des fonctions juridictionnelles existe depuis de nombreuses années en France. En effet, la loi n°70-642 du 17 juillet 1970 a autorisé pour la première fois le recrutement contractuel de magistrats pour exercer des fonctions du second grade de la hiérarchie du corps judiciaire. Plusieurs lois organiques ont peu à peu étendu cette possibilité à l'ensemble des juridictions judiciaires.

La loi organique n°95-64 du 19 janvier 1995 a créé deux nouvelles catégories de magistrats à titre temporaire :

- Les conseillers de cour d'appel en service extraordinaire, dont le recrutement a pris fin depuis le 1er janvier 2000, date

---

210 A titre de comparaison, l'article 45 de l'ordonnance du 22 décembre 1958 prévoit 7 types de sanctions disciplinaires pour les magistrats de l'ordre judiciaire, à savoir : la réprimande avec inscription au dossier ; le déplacement d'office ; le retrait de certaines fonctions ; l'abaissement d'échelon ; l'exclusion temporaire de fonctions pour une durée maximum d'un an, avec privation totale ou partielle du traitement ; la rétrogradation ; la mise à la retraite d'office ou l'admission à cesser ses fonctions lorsque le magistrat n'a pas le droit à une pension de retraite ; la révocation avec ou sans suspension des droits à pension.

211 Article 41-21 l'ordonnance du 22 décembre 1958.

212 Cf. infra Section 3.

d'expiration du dispositif. Ce recrutement s'adressait à des personnes titulaires d'un diplôme du niveau de la maîtrise justifiant d'au moins quinze années d'activité professionnelle les qualifiant particulièrement pour l'exercice des fonctions judiciaires.

- Les magistrats exerçant à titre temporaire dans les tribunaux d'instance et les tribunaux de grande instance recrutés parmi des candidats âgés de moins de soixante-cinq ans révolus, justifiant de sept années d'expérience professionnelle les qualifiant particulièrement pour l'exercice des fonctions judiciaires et nommés pour une durée de sept ans non renouvelable. Cette voie d'accès permet d'exercer la fonction de juge d'instance ou celle d'assesseur dans les formations collégiales des tribunaux de grande instance (article 41-10)[213].

Une particularité notable de leur statut réside dans la possibilité d'exercer concomitamment les fonctions judiciaires et leur activité professionnelle, sous réserve de la compatibilité de ces activités. En outre, ils sont rémunérés sur la base de vacations selon un dispositif complexe. A la différence des magistrats professionnels qui bénéficient d'un traitement, ces derniers reçoivent une indemnisation.

Conformément à l'exposé des motifs du projet de loi d'orientation et de programmation pour la justice, la loi organique du 26 février 2003 s'inspire largement du statut de ces magistrats à titre temporaire mais élargit, d'une part, le champ de recrutement et assouplit, d'autre part, la procédure de nomination, pour tenir compte des difficultés rencontrées lors de sa mise en œuvre[214].

---

213 Leur nombre ne peut être supérieur au quart du service des tribunaux d'instance. De même, il ne peut y avoir plus d'un assesseur choisi parmi les magistrats recrutés à titre temporaire dans les formations collégiales des tribunaux de grande instance.

214 Compte tenu des similitudes entre le statut des juges de proximité et celui des magistrats exerçant à titre temporaire, des voix se sont élevées pour faire observer qu'une adaptation du statut de ces derniers, formellement plus simple, aurait permis d'alléger l'économie du projet de loi organique et d'éviter ainsi de créer, peut-être inutilement, une nouvelle catégorie de magistrats, aggravant ainsi la complexité du système.

Toutefois, les juges de proximité se distinguent des magistrats à titre temporaire. En effet, leur singularité réside dans le fait qu'ils constituent un nouvel ordre de juridiction. De plus, il est important de comprendre que ces « magistrats temporaires » sont chargés d'un temps partiel pour aider les tribunaux de base surchargés en complétant les effectifs des tribunaux de grande instance alors que les juges de proximité doivent « permettre de rapprocher la justice du citoyen en traitant les litiges du quotidien restant trop souvent sans réponse »[215].

En particulier, l'article 41-14 alinéa 3 du statut de la magistrature prévoit un mécanisme de renvoi au cas par cas lorsqu'un magistrat exerçant à titre temporaire est saisi d'une situation dont l'objet ou les protagonistes sont liés à l'activité professionnelle de ce magistrat. Ces précautions sont prises pour éviter toute confusion des genres et chasser dans l'esprit du justiciable le risque de suspicion de l'indépendance et de l'impartialité de ce juge.

Une disposition beaucoup plus nette est prévue pour les juges de proximité membres des professions libérales, juridiques et judiciaires soumis à un statut ou dont le titre est protégé par la loi. Cette disposition s'inscrit dans un mécanisme plus général : celui des incompatibilités dans l'exercice concomitant d'une activité professionnelle et des fonctions de juge de proximité.

Section 3. Les limites au cumul des fonctions de juge de proximité avec une autre activité professionnelle

Selon l'article 8 de l'ordonnance de 1958 : « l'exercice des fonctions de magistrat est incompatible avec l'exercice de toutes fonctions publiques et de toute autre activité professionnelle ou salariée ». Par dérogation à cette disposition, l'article 41-22 de l'ordonnance permet aux juges de proximité d'exercer une activité professionnelle concomitamment à leurs fonctions judiciaires. Déjà admise pour les magistrats à titre temporaire[216], cette déroga-

[215] Discours de M. PERBEN prononcé à l'Assemblée nationale le 31 juillet 2002.

[216] Article 44-14 de l'ordonnance du 22 décembre 1958.

tion se justifie par le fait que les juges de proximité n'exercent leurs fonctions qu'à temps partiel. Elle permet ainsi d'élargir le recrutement à des personnes en activité.

Cependant, l'exercice concomitant de fonctions judiciaires et d'une activité professionnelle appelle un strict encadrement afin de préserver l'indépendance des magistrats concernés. Si dans sa décision précitée du 10 janvier 1995 le Conseil constitutionnel a admis la possibilité, pour les magistrats à titre temporaire, d'exercer concomitamment une activité professionnelle, ce n'est pas en effet sans avoir vérifié que les conditions posées pour ce cumul d'activité étaient de nature à préserver leur indépendance. S'inspirant étroitement de ce précédent, l'article 41-22 précité pose quatre limitations à l'exercice d'une activité professionnelle.

En premier lieu, les juges de proximité ne peuvent pratiquer aucune activité professionnelle qui soit « de nature à porter atteinte à la dignité de la fonction et à son indépendance ».

En second lieu, les membres des professions libérales juridiques et judiciaires soumises à un statut législatif ou réglementaire ou dont le titre est protégé et leurs salariés ne peuvent exercer des fonctions de juge de proximité dans le ressort du tribunal de grande instance où ils ont leur domicile professionnel. En outre, ils ne peuvent effectuer aucun acte de leur profession dans le ressort de la juridiction de proximité à laquelle ils sont affectés. Selon le Conseil constitutionnel, cette dernière interdiction doit s'entendre comme portant également, le cas échéant, sur l'activité exercée en qualité de membre d'une association ou d'une société qui a pour objet l'exercice en commun de la profession et dans le cadre ou au nom de laquelle exerce l'intéressé[217].

En troisième lieu, ils ne peuvent exercer concomitamment aucune activité d'agent public, à l'exception de celle de professeur et de maître de conférences des universités[218]. Par ailleurs, le deuxième alinéa de l'article 41-22 prévoit l'application aux juges de proximité du deuxième alinéa de l'article 8 du statut qui ouvre la

[217] Décision n°2003-466 DC du 20 février 2003, considérant 20.

[218] Depuis la décision du Conseil constitutionnel n°83-165 DC du 20 janvier 1984, leur indépendance est constitutionnellement garantie.

possibilité de dérogations individuelles accordées par les chefs de cour « pour donner des enseignements ressortissant à leur compétence ou pour exercer des fonctions ou activités qui ne seraient pas de nature à porter atteinte à la dignité du magistrat et à son indépendance, à l'exception des activités d'arbitrage, sous réserve des cas prévus par les dispositions législatives en vigueur ». Ainsi qu'ont pu le souligner certains auteurs[219], il s'agit ici d'éviter une interprétation si restrictive qu'elle empêcherait un juge de proximité de participer à des commissions administratives ou à des groupes de travail.

En quatrième lieu, les juges de proximité ne peuvent connaître des litiges présentant un lien avec leur activité professionnelle[220] ou lorsqu'ils entretiennent ou ont entretenu des relations professionnelles avec l'une des parties. Dans ces cas, le président du tribunal de grande instance dans le ressort duquel ils sont affectés décide, à leur demande ou à celle de l'une des parties, que l'affaire sera soumise à un autre juge de proximité du même ressort. Cette décision de renvoi est insusceptible de recours.

Pour assurer le respect de ces incompatibilités, l'article 41-22 alinéa 3 de l'ordonnance prévoit qu'en cas de changement d'activité professionnelle, les juges de proximité en informent le premier président de la cour d'appel dans le ressort de laquelle ils sont affectés, qui leur fait connaître, le cas échéant, que leur nouvelle activité n'est pas compatible avec l'exercice de leurs fonctions judiciaires. Sur ce point, le Conseil constitutionnel a eu l'occasion de préciser dans sa décision du 20 février 2003 que, si cette disposition ne confère pas le pouvoir de décision au premier président de la cour d'appel, il appartient à celui-ci, en application de l'article 50-2 de l'ordonnance du 22 décembre 1958 susvisée, de saisir le Conseil supérieur de la magistrature s'il estime que l'intéressé a méconnu son obligation d'information ou que sa nouvelle activité est incompatible avec l'exercice de fonctions juridictionnelles.

---

219 V. notamment SCHOETTL Jean-Eric, préc.

220 Que celle-ci soit exercée à titre individuel ou, comme il l'a été dit ci-dessus, dans le cadre ou au nom d'une association ou d'une société dont ils sont membres (décision du Conseil constitutionnel du 20 février 2003 précitée, considérant 21).

Enfin, dans le but de garantir l'impartialité des juges de proximité, l'article 41-24 alinéa 3 de l'ordonnance du 22 décembre 1958 dispose que : « durant un an à compter de la cessation de leurs fonctions judiciaires, les juges de proximité sont tenus de s'abstenir de toute prise de position publique en relation avec ces fonctions ».

Conclusion

Au lendemain de l'institution des juridictions et des juges de proximité, le syndicat de la magistrature lançait un appel pour dénoncer vigoureusement les dangers liés à la création de ces nouveaux juges ne présentant « aucune garantie d'indépendance ni d'impartialité »[221]. Ces propos doivent cependant être nuancés car force est de constater que plusieurs éléments présidant à l'élaboration de leur statut sont de nature à leur garantir une certaine indépendance dans l'exercice de leurs fonctions.

Il n'est pas pour autant question de nier les risques dénoncés dans le monde judiciaire. Le danger le plus préoccupant provient en effet de l'exercice concomitant d'une activité professionnelle par les juges de proximité. Certes, des « garde-fous » ont été prévus par le législateur organique. Cependant, ils peuvent se révéler insuffisants. En effet, les membres des professions juridiques et judiciaires soumises à statut ou dont le titre est protégé par la loi ne devraient pas pouvoir exercer les fonctions de juge de proximité dans le ressort de la cour d'appel où ils ont leur domicile professionnel. La seule limitation au ressort du tribunal de grande instance où ils ont leur domicile professionnel ne semble pas suffisante dans la mesure où ces auxiliaires de justice sont soumis à la surveillance, au contrôle et au pouvoir disciplinaire des autorités judiciaires de la cour d'appel où ils exercent. Cette proposition avait d'ailleurs été formulée par le Conseil supérieur de la magistrature dans son avis du 19 septembre 2002 précité afin de « mieux satisfaire aux exigences de la jurisprudence européenne relatives à l'impartialité objective du juge » mais n'a finalement pas été rete-

---

[221] V. introduction générale.

nue dans la loi organique. L'explication se trouve vraisemblablement dans la volonté de ne pas décourager les candidats, peu enclins à exercer leurs nouvelles fonctions juridictionnelles loin de leur domicile professionnel.

Par ailleurs, l'impartialité du juge est également mal garantie en cas de changement de sa situation professionnelle générant une incompatibilité avec ses fonctions car il lui appartient d'informer le premier président de la cour d'appel du changement.

Sans doute, aurait-il été intéressant d'introduire une disposition comparable à celle de l'article 1452 du nouveau code de procédure civile en matière d'arbitrage qui prévoit que l'arbitre qui suppose en sa personne une cause de récusation, doit en informer les parties en sorte qu'il ne peut accepter sa mission qu'avec l'accord de ces dernières. Cette exigence de transparence constituerait alors une garantie supplémentaire de l'indépendance et de l'impartialité du juge de proximité.

Chapitre 2. Les exigences de capacité

Les exigences de capacité posées par le Conseil constitutionnel dans sa décision précitée se fondent sur l'article 6 de la Déclaration des droits de l'homme et du citoyen de 1789 en vertu duquel : « tous les citoyens étant égaux aux yeux de la loi sont également admissibles à toutes dignités, places et emplois publics, selon leur capacité, et sans autre distinction que celle de leurs vertus et de leurs talents ». Il s'avère indispensable que les juges de proximité présentent des garanties suffisantes en matière de compétences juridiques et que l'accès aux fonctions soit strictement encadré. En effet, les litiges qu'ils sont amenés à trancher (notamment en matière civile) peuvent parfois soulever des problèmes juridiques complexes. Il est donc indispensable qu'ils se livrent à une application correcte des règles de droit et maîtrisent parfaitement le syllogisme judiciaire.

Les conditions de recrutement (Section 1), l'instruction des dossiers de candidature (Section 2) et la formation des juges de proximité (Section 3) sont autant d'éléments à prendre en compte pour s'assurer que l'exigence de capacité n'est pas méconnue.

Section 1. Le recrutement des juges de proximité

Les conditions que le candidat à un poste de juge de proximité doit remplir sont inscrites à l'article 41-17 nouveau de l'ordonnance du 22 décembre 1958. Parmi ces conditions, certaines concernent tous les magistrats (§ 1) et d'autres sont particulières aux juges de proximité (§ 2).

§ 1. Les conditions communes à l'ensemble des magistrats

Conformément à l'article 41-17 précité, seules les personnes remplissant les conditions générales prévues aux 2° à 5° de l'article

16 peuvent être nommées juges de proximité, pour exercer une part limitée des fonctions des magistrats des juridictions judiciaires de première instance. Ces conditions sont au nombre de 4, à savoir :

- Etre de nationalité française.

- Jouir de ses droits civiques et être de bonne moralité.

- Se trouver en position régulière au regard du code du service national.

- Remplir les conditions d'aptitude physique nécessaires à l'exercice des fonctions et être reconnu indemne ou définitivement guéri de toute affection donnant droit à un congé de longue durée.

Ces conditions générales étant remplies, l'accès à la fonction de juge de proximité nécessite de satisfaire à certaines conditions particulières.

§ 2. Les conditions particulières aux juges de proximité

Selon l'article 41-24 de l'ordonnance précitée, les juges de proximité ne peuvent demeurer en fonction au-delà de l'âge de soixante-quinze ans[222].

Mais la caractéristique majeure du recrutement réside dans le fait qu'ils doivent posséder des connaissances[223] et une expérience juridiques. Après d'importantes modifications lors des débats parlementaires ayant conduit à un élargissement des conditions d'accès à la fonction (A), six « profils » ont été retenus par le législateur organique pour permettre d'accéder aux fonctions de juge de proximité (B).

---

[222] Conformément à l'article 41-20 de l'ordonnance du 22 décembre 1958, l'article 76 en vertu duquel : « sous réserve des reculs de limite d'âge pouvant résulter des textes applicables à l'ensemble des agents de l'Etat, la limite d'âge pour les magistrats de l'ordre judiciaire est fixée à soixante-cinq ans » ne leur est pas applicable.

[223] Dans son avis du 19 septembre 2003, le Conseil supérieur de la magistrature a souligné l'importance des connaissances juridiques pour garantir un recrutement de qualité.

A. L'élargissement des conditions de recrutement lors des débats parlementaires

Les conditions du recrutement ont évolué au cours de la navette parlementaire. Le gouvernement avait d'abord songé à un premier équilibre, privilégiant le recrutement de personnes à profil nettement juridique, au terme duquel seulement deux catégories avaient été retenues : d'une part, les anciens magistrats de l'ordre judiciaire et de l'ordre administratif et d'autre part, les personnes âgées de trente ans au moins, que leur compétence et leur expérience qualifient particulièrement pour exercer une fonction judiciaire, sans être intégrés à la magistrature. L'idée était donc que ces magistrats particuliers, extérieurs au corps judiciaire, puissent régler les litiges avec une certaine marge de manœuvre, mais sans méconnaître des règles essentielles du droit, lesquelles leur seraient familières du fait de leur formation et de leur profession.

La discussion parlementaire a considérablement élargi les bases du recrutement en autorisant également la nomination d'anciens fonctionnaires des services judiciaires de catégorie A et B, de cadres ayant eu des fonctions de responsabilité pendant au moins vingt-cinq ans, de conciliateurs de justice ayant exercé leurs fonctions pendant au moins cinq ans.

D'un coté, le Sénat, prenant en compte la nature du contentieux porté devant les juridictions de proximité, mettait en avant les qualités autres que strictement juridiques que devaient posséder les juges de proximité, notamment pour concilier les parties. Il préconisait en conséquence une large ouverture du recrutement faisant primer « l'expérience de la vie ».

D'un autre coté, les députés tentaient de tempérer cette ouverture qu'ils jugeaient excessive.

Finalement, l'équilibre auquel on aboutit est différent de celui du projet gouvernemental et a été la cible de vives critiques en raison de l'hétérogénéité des profils retenus pour accéder aux fonctions. En effet, des personnes d'origine professionnelle et de formation très diversifiées peuvent faire acte de candidature. Or, si ce recrutement a l'avantage d'aérer le corps des magistrats professionnels, il doit être utilisé avec prudence, l'élément intégré au corps pouvant ne pas rester totalement indépendant de son milieu d'origine. Aussi, il appartiendra dans tous les cas et en dernier lieu au Conseil supérieur de la magistrature d'apprécier si l'expérience du candidat le qualifie pour l'exercice des fonctions judiciaires.

La volonté d'élargir les critères de recrutement répond à deux motivations.

La première est manifestement celle d'assurer le succès de la création de cette nouvelle juridiction. Comme l'explique le rapporteur de la commission des lois, le sénateur Pierre FAUCHON : « des conditions trop rigides préfigureraient un échec de cette réforme. Les juges de proximité doivent être recrutés le plus largement possible parmi les personnes de la société civile. Un déficit de candidatures hypothéquerait gravement l'avenir des juridictions ».

La seconde motivation réside dans la volonté d'accorder davantage de place au « savoir-faire » qu'à la connaissance théorique. Selon le sénateur FAUCHON : « les qualités humaines et psychologiques ainsi que la disponibilité paraissent aussi importantes que les compétences juridiques, voire même primordiales pour la qualité des décisions rendues. Les citoyens sont en effet en droit d'attendre un juge faisant preuve avant tout de bon sens et disposant d'une bonne connaissance des choses de la vie et d'une grande écoute ».

Reprenant cette double motivation, le gouvernement a justifié son choix d'un magistrat non professionnel d'abord, par « le souci de recrutement d'un nombre de juges de proximité propre à couvrir l'ensemble du territoire rapidement » et, ensuite, par les « modalités de leur intervention, qui privilégie l'action de terrain et la disponibilité dans le dialogue avec les justiciables ».

De manière générale, l'expérience professionnelle prend donc le pas sur le niveau de qualification du diplôme. Et l'expérience semble « qualifier » parce qu'elle s'est déroulée dans le « domaine juridique ». L'idée est donc que le jugement des affaires par les juges de proximité ne se fera pas au moyen de la mise en œuvre d'une « science juridique » mais avec la « connaissance du terrain et de la réalité des problèmes humains que leur expérience dans le domaine juridique est censée leur apporter »[224].

Si l'argumentation avancée par les promoteurs de la loi organique semble séduisante, elle ne doit pas pour autant faire oublier la mission première du juge de proximité. En effet, le législateur lui a confié une mission juridictionnelle. Il doit donc « dire le droit » et trancher les litiges qui lui sont soumis conformément aux règles juridiques. Il est donc indispensable qu'il possède de solides connaissances en droit.

B. Les « six profils » retenus par la loi du 26 février 2003

L'article 41-17 précité énumère les « six profils » retenus par le législateur organique permettant d'accéder aux fonctions de juge de proximité. Les exigences de connaissances et d'expérience juridiques constituent la pierre angulaire des conditions de recrutement.

Cependant, il faut immédiatement préciser que ces exigences peuvent ne pas être suffisantes. Pour cette raison, dans sa décision du 20 février 2003, le Conseil constitutionnel a posé une réserve d'interprétation disposant que : « si les connaissances juridiques constituent une condition nécessaire à l'exercice de fonctions judiciaires, ni les diplômes juridiques obtenus par les candidats (...), ni leur exercice professionnel antérieur ne suffisent à présumer, dans tous les cas, qu'ils détiennent ou sont aptes à acquérir les qualités indispensables au règlement des contentieux relevant des juridictions de proximité ; qu'il appartiendra en conséquence à la formation compétente du Conseil supérieur de la magistrature, avant de rendre son avis, de s'assurer que les candidats dont la nomination est envisagée sont aptes à exercer les fonctions de juge de proximité et, le cas échéant, de les soumettre à la formation probatoire prévue par l'article 41-19 ; que le Conseil supérieur de la magistrature pourra disposer, pour chaque nomination, non

[224] En ce sens, V. rapport n°404 (2001-2002) de M. le sénateur Pierre FAUCHON, fait au nom de la commission des lois au Sénat, déposé le 25 septembre 2002.

seulement du dossier du candidat proposé par le ministre de la justice mais encore, des dossiers des autres candidats ; qu'en outre, dans le cas où le stage probatoire n'aura pas permis de démontrer la capacité du candidat, il reviendra au Conseil supérieur de la magistrature d'émettre un avis négatif à sa nomination, même si cet avis a pour effet de ne pas pourvoir un poste offert au recrutement ».

1. Les anciens magistrats de l'ordre judiciaire et de l'ordre administratif

Les anciens magistrats de l'ordre judiciaire visés dans la loi du 26 février 2003 sont ceux limitativement énumérés à l'article 1 de l'ordonnance relative au statut de la magistrature du 22 décembre 1958, à savoir :

- Les magistrats du siège et du parquet de la Cour de cassation, des cours d'appel et des tribunaux de première instance ainsi que les magistrats du cadre de l'administration centrale du ministère de la justice.

- Les magistrats du siège et du parquet placés respectivement auprès du premier président et du procureur général d'une cour d'appel et ayant qualité pour exercer les fonctions du grade auquel ils appartiennent à la cour d'appel à laquelle ils sont rattachés et dans l'ensemble des tribunaux de première instance du ressort de ladite cour.

2. Les personnes âgées de 35 ans au moins, titulaires d'un diplôme sanctionnant une formation d'une durée au moins égale à quatre années d'études après le baccalauréat, que leur compétence et leur expérience qualifient pour exercer ces fonctions, et justifiant de quatre années au moins d'exercice professionnel dans le domaine juridique

Concernant le diplôme requis, il n'est pas nécessairement un diplôme juridique. Il suffit qu'il sanctionne un cursus de quatre années d'études après le baccalauréat. Mais cet état de fait n'est pas une innovation. En effet, il n'est pas requis de diplôme juridique pour présenter le concours de la magistrature. Toutefois, à la différence du candidat aux fonctions de juge de proximité, le candidat à l'école nationale de la magistrature doit satisfaire à des épreuves de connaissances juridiques, pointues et spécialisées, qui permettent une sélection sur la base d'un raisonnement approprié à l'application des textes.

En outre, s'agissant des professions visées par cette catégorie, on peut citer les juristes d'entreprise, de syndicat ou d'association mais aussi les professeurs et maîtres de conférences des facultés de droit.

3. Les membres ou anciens membres des professions libérales juridiques ou judiciaires soumis à un statut législatif ou réglementaire ou dont le titre est protégé âgés de 35 ans au moins et justifiant de quatre ans d'exercice professionnel dans le domaine juridique

La circulaire du 19 mai 2003[225] énumère la liste de ces professions, à savoir : administrateur judiciaire, avocat, avocat au Conseil d'Etat et à la Cour de cassation, avoué, commissaire-priseur, greffier des tribunaux de commerce, huissier de justice, mandataire judiciaire à la liquidation des entreprises ou notaire.

Pour toutes ces professions, la condition de diplôme n'est pas exigée même si, en pratique, elle sera vraisemblablement remplie par les catégories visées.

4. Les personnes qui justifient d'au moins 25 ans d'activité dans des fonctions impliquant des responsabilités de direction ou d'encadrement dans le domaine juridique les qualifiant pour l'exercice des fonctions judiciaires

Cette disposition vise des personnes ayant exercé des fonctions de direction ou d'encadrement, sans distinction entre emploi public ou privé.

Dans sa décision du 20 février 2003, le Conseil constitutionnel a invalidé la disposition permettant de nommer des personnes

---

[225] Circulaire de la direction des services judiciaires du 19 mai 2003 relative à la réception et à l'instruction des candidatures aux fonctions de juges de proximité. B.O. du ministère de la justice n°90.

justifiant de 25 années au moins d'activité dans des fonctions impliquant des responsabilités de direction ou d'encadrement dans le « domaine administratif, économique ou social ». Pour motiver sa décision, il considère que l'exercice antérieur de « fonctions impliquant des responsabilités (...) dans le domaine (...) administratif, économique ou social » ne révèle pas par lui-même, quelles que soient les qualités professionnelles antérieures des intéressés, leur aptitude à rendre la justice. En définissant de telles catégories de candidats aux fonctions de juge de proximité sans préciser le niveau de connaissances ou d'expérience juridiques auquel ils doivent répondre, le législateur organique a manifestement méconnu l'article 6 de la Déclaration de 1789 ».

Ainsi que l'a souligné M. SCHOETTL, la censure aurait sans doute été évitée si le législateur avait prévu dans leurs cas, un test de connaissances juridiques approprié.

5. Les anciens fonctionnaires des services judiciaires de catégorie A et B, que leur expérience qualifie pour l'exercice des fonctions judiciaires

La circulaire du 19 mai 2003 précise qu'il s'agit des anciens fonctionnaires relevant de la direction des services judiciaires, des anciens greffiers et greffiers en chef des juridictions, de l'administration centrale et des services déconcentrés.

Cette rédaction, proposée par les députés, plus restrictive en ce qu'elle n'ouvre l'accès qu'au profit des anciens fonctionnaires issus uniquement des services judiciaires, l'a emporté sur celle des sénateurs d'ouvrir plus largement l'accès aux anciens fonctionnaires et aux anciens militaires de catégorie A, sans distinction d'appartenance aux services judiciaires.

6. Les conciliateurs de justice ayant exercé leurs fonctions pendant au moins 5 ans

L'article 2 du décret n°78-381 du 20 mars 1978 relatif aux conciliateurs de justice tel que modifié par le décret n°96-1091 du 13 décembre 1996 précise que le conciliateur de justice doit jouir de ses droits civils et politiques et n'être investi d'aucun mandat électif dans le ressort de la cour d'appel dans lequel il exerce ses fonctions. Par ailleurs, il doit justifier d'une expérience en matière juridique d'au moins trois ans, que sa compétence et son activité qualifient particulièrement pour l'exercice de ces fonctions.

La formulation retenue doit être comprise comme excluant l'exercice concomitant des fonctions de juge de proximité et de conciliateur. De fait, le décret du 20 mars 1978 précise que l'exercice de ces fonctions est interdit aux personnes « qui exercent, à quelque titre que ce soit, des activités judiciaires ou qui participent au fonctionnement du service de la justice ».

Section 2. Le dossier de candidature

Le dernier alinéa de l'article 41-19 de l'ordonnance du 22 décembre 1958 renvoie à un décret en Conseil d'Etat pour la détermination des conditions de dépôt et d'instruction des dossiers de candidature. Celui-ci est intervenu le 15 mai 2003. Il insère un chapitre VI bis nouveau au décret du 7 janvier 1993[226].

§ 1. Le dépôt du dossier

Selon l'article 35-7 du décret du 7 janvier 1993 modifié, le candidat aux fonctions de juge de proximité doit déposer sa demande, adressée au garde des Sceaux, ministre de la justice, auprès des chefs de la cour d'appel[227] dans le ressort de laquelle il réside, qui procèdent à l'instruction de sa candidature. Le dossier de candidature doit comporter l'indication de la ou des juridictions de proximité à laquelle ou auxquelles l'intéressé aspire à être nommé.

§ 2. L'instruction par la cour d'appel

Une fois les dossiers de candidature transmis à la cour d'appel compétente, la circulaire du 19 mai 2003[228] précise que les candidats sont entendus par les chefs de cour ou leurs délégataires,

---

226 Décret n°93-21 du 7 janvier 1993 modifié pris pour l'application de l'ordonnance du 22 décembre 1958.

227 Premier président et/ou procureur général.

228 V. note 225.

notamment sur leur motivation. Leur attention doit être appelée sur leur nécessaire disponibilité, sur l'engagement qu'ils devront prendre à cet égard et sur leurs desiderata géographiques. Il peut être opportun pour certains candidats (avocats, officiers ministériels...) de recueillir en outre l'avis des chefs des tribunaux de grande instance. Le parquet général doit demander un bulletin n°2 du casier judiciaire et ordonner une enquête de police.

Pour les anciens magistrats, ainsi que pour les anciens greffiers en chef et greffiers, leur dossier administratif sera demandé directement par la mission juges de proximité aux services gestionnaires.

Ensuite, selon l'article 35-7 alinéa 3 du décret du 7 janvier 1993 modifié, le dossier de candidature, assorti de l'avis motivé des chefs de cour, est transmis au garde des Sceaux, ministre de la justice, qui procède, le cas échéant, à une instruction complémentaire du dossier.

§ 3. L'examen par le Conseil supérieur de la magistrature

Conformément à l'article 35-8 du décret du 7 janvier 1993 modifié, le garde des Sceaux, ministre de la justice, saisit la formation du Conseil supérieur de la magistrature compétente à l'égard des magistrats du siège des projets de nomination aux fonctions de juge de proximité. Il lui transmet, avec chaque projet de nomination, la liste de tous les candidats aux fonctions de juge de proximité dans la même juridiction.

Les dossiers de l'ensemble des candidats aux fonctions de juge de proximité sont tenus à la disposition de la formation compétente du Conseil supérieur de la magistrature.

La formation du siège du Conseil supérieur de la magistrature doit rendre un avis sur les candidatures qui lui sont proposées par le garde des Sceaux. Elle ne peut pas leur substituer d'autres candidats et chaque candidat proposé est affecté dans une juridiction déterminée. Bien que cela ne soit pas précisé, il faut comprendre que l'avis donné par le Conseil supérieur de la magistrature est un avis conforme. En effet, l'article 41-19 de l'ordonnance du 22 décembre 1958 précise que les juges de proximité sont nommés « dans les formes prévues pour les magistrats du siège ». Or, à l'exception des magistrats du siège à la Cour de cassation, des premiers présidents des cours d'appel et des présidents des tribunaux de grande instance, les autres magistrats du siège sont nommés sur son avis conforme[229]. Par ailleurs, l'interprétation faite par le Conseil constitutionnel de la faculté donnée au C.S.M. de soumettre les candidats à une formation probatoire, dans laquelle il précise qu'en cas d'inaptitude à juger « il reviendra au Conseil supérieur de la magistrature d'émettre un avis négatif à sa nomination, même si cet avis a pour effet de ne pas pourvoir un poste offert au recrutement », permet également de soutenir que l'avis de ce dernier lie le gouvernement.

La circulaire du 19 mai 2003 précitée envisage deux cas de figures possibles, selon que le Conseil supérieur de la magistrature rend ou non un avis conforme.

A. La formation du siège du Conseil supérieur de la magistrature rend un avis conforme

L'avis conforme peut intervenir à 2 stades différents.

1. L'avis conforme est rendu dès le premier examen du dossier

La formation du siège du Conseil supérieur de la magistrature considère que le candidat possède les qualités suffisantes pour être juge de proximité. Il est alors nommé pour une durée de 7 ans non renouvelable, dans les formes prévues pour les magistrats du siège c'est-à-dire, par décret signé par le président de la République (article 41-19 alinéa 1 de l'ordonnance du 22 décembre 1958 modifiée). Il prête serment devant la cour d'appel dans laquelle il

[229] Cette procédure diffère légèrement de celle retenue pour les magistrats à titre temporaire qui sont nommés en plus après avis conforme de la commission d'avancement. Selon le premier président de la Cour de cassation, Guy CANIVET, il est regrettable que cette commission n'ait pas été associée au processus de désignation des juges de proximité quand on sait le rôle qu'elle joue habituellement dans le contrôle des conditions de moralité et de sérieux des candidats magistrats.

prendra ses fonctions. Toutefois, ce n'est qu'à partir de son installation et après avoir effectué son stage de formation (V. Section 3) que le juge de proximité pourra exercer pleinement son activité.

2. L'avis conforme est rendu après avoir imposé une formation probatoire au candidat

L'article 41-19 du décret du 7 janvier 1993 modifié permet à la formation compétente du Conseil supérieur de la magistrature de décider de soumettre le candidat à une formation probatoire avant de rendre son avis.

Organisée à l'école nationale de la magistrature, cette formation est une sorte d'examen de compétence. Elle comprend une partie théorique de 5 jours consécutifs et une partie pratique prenant la forme d'un stage en juridiction de 24 jours de présence effective sur une période de 12 semaines[230]. Un rapport faisant le bilan du stage probatoire du candidat est dressé sous la responsabilité du directeur de l'école nationale de la magistrature qui émet un avis motivé sur l'aptitude du candidat à exercer les fonctions de juge de proximité. Ce rapport est transmis à la formation du siège du Conseil supérieur de la magistrature et au garde des Sceaux, ministre de la justice. Le dossier est ensuite communiqué à nouveau à la formation du siège qui rend son avis. Lorsque celui-ci est conforme, le candidat est nommé par décret du président de la République. Il prête serment et est ensuite installé dans ses fonctions de juge de proximité.

Ainsi, la voie d'accès est double : elle peut intervenir directement sur dossier ou le candidat peut être soumis à une formation probatoire préalable. Néanmoins, la dénomination de cette dernière est trompeuse, car cette « formation » peut déboucher sur un refus.

---

[230] Article 35-11 du décret du 7 janvier 1993 modifié.

B. La formation du siège du Conseil supérieur de la magistrature rend un avis non conforme

Elle peut rendre un avis non conforme (notamment si elle considère que le candidat ne possède pas les qualités suffisantes pour être juge de proximité ou pour d'autres motifs) soit dès le premier examen du dossier, soit après un stage probatoire.

Cet avis non conforme a pour effet de rejeter la candidature. Il s'impose au ministre de la justice qui ne peut passer outre.

Section 3. La formation des juges de proximité

Pour exercer les fonctions de juge de proximité, les candidats doivent suivre une formation particulière confiée à l'école nationale de la magistrature. Cette formation peut être antérieure à la nomination, il s'agit alors d'une formation probatoire pour vérifier l'aptitude du candidat[231]. Elle peut aussi être postérieure à la nomination, il s'agit d'une formation préalable à l'entrée en fonction (§ 1), puis continue au cours de l'exercice des fonctions (§ 2).

§ 1. Le stage des candidats non soumis à la formation probatoire

Aux termes de l'article 41-19 alinéa 6 de l'ordonnance du 22 décembre 1958 modifiée, les juges de proximité n'ayant pas été soumis à la formation probatoire suivent une formation organisée par l'école nationale de la magistrature et comportant un stage en juridiction.

A. L'organisation de la formation

A l'instar du stage probatoire, cette formation comprend un volet théorique de 5 jours d'enseignements et un volet pratique constitué d'un stage en juridiction. En revanche, la durée du stage

---

[231] Cf. supra.

est plus brève puisqu'elle est de 16 jours de présence effective sur une période de huit semaines[232].

La formation théorique est jalonnée par des enseignements portant sur la déontologie, les principes de la procédure et le fonctionnement d'une juridiction, ainsi que l'apprentissage de la technique de rédaction des jugements et de la tenue d'une audience[233]. Ainsi, aucun enseignement n'est dispensé sur le fond du droit dès lors que les personnes nommées à ces fonctions doivent avoir une expérience avérée dans le domaine juridique.

Quant au stage en juridiction, il vise à parfaire la formation théorique et pratique des intéressés en vue de les préparer à l'exercice de leurs fonctions juridictionnelles. Conformément à l'article 35-12 du décret du 7 janvier 1993 modifié, le lieu du stage en juridiction est choisi par l'école nationale de la magistrature dans le ressort de la cour d'appel, ou dans celui d'une cour d'appel limitrophe, dont relève la juridiction d'affectation du juge de proximité ou la juridiction pour laquelle une proposition d'affectation du candidat a été faite. En outre, tout candidat ou juge de proximité membre ou ancien membre d'une profession libérale juridique et judiciaire soumise à un statut législatif ou réglementaire ou dont le titre est protégé (avocat, avoué, huissier de justice, notaire...) ne peut effectuer ce stage dans une juridiction du ressort du tribunal de grande instance où il exerce, ou a exercé depuis moins de cinq ans, son activité professionnelle.

Cette formation est identique pour tous les juges de proximité, quels que soient leurs services antérieurs. Cependant, l'article 35-9 alinéa 2 du décret du 7 janvier 1993 modifié prévoit que la durée du stage en juridiction peut, à titre exceptionnel, être réduite par le Conseil supérieur de la magistrature, au vu de l'expérience professionnelle du candidat. Le stage ne peut en revanche pas être supprimé. Par ailleurs, la durée de la formation théorique ne peut être réduite.

---

232 Article 35-9 du décret du 7 janvier 1993 modifié.

233 Article 35-10 du décret du 7 janvier 1993 modifié.

B. Statut des stagiaires et rémunération

Le stage effectué en juridiction obéit aux mêmes règles que celui effectué par des auditeurs de justice. Le stagiaire est d'abord tenu au secret professionnel et prête serment. Pour les stagiaires qui suivent la formation probatoire, le serment est prêté devant la cour d'appel dans le ressort de laquelle le stage se déroule[234]. Pour les stagiaires ayant été nommés juges de proximité, le serment est celui de tout magistrat, conformément à l'article 41-19 alinéa 5, renvoyant à l'article 6 de l'ordonnance[235]. Le serment est prêté devant la cour d'appel dont relève la juridiction où il est affecté en qualité de juge de proximité.

Le stagiaire est ensuite placé sous la responsabilité des magistrats de la juridiction avec lesquels il participe à l'activité juridictionnelle. Conformément à l'article 19 de l'ordonnance du 22 décembre 1958, il peut : « assister le juge d'instruction dans tous les actes d'information ; assister les magistrats du ministère public dans l'exercice de l'action publique ; siéger en surnombre et participer avec voix consultative aux délibérés des juridictions civiles et correctionnelles ; présenter oralement devant celles-ci des réquisitions ou des conclusions ; assister aux délibérés des cours d'assises ».

Le suivi du stage donne lieu à indemnisation sous forme de vacations, exclusives de toute autre indemnité[236]. Lorsqu'ils suivent l'une des formations prévues par l'article 41-19 de l'ordonnance du 22 décembre 1958 précitée, les juges de proximité et les candidats à ces fonctions perçoivent, par jour, une indemnité de vacation correspondant au taux unitaire de référence égal à « vingt-cinq millième du traitement brut annuel moyen d'un ma-

---

[234] La formule prévue par l'article 25-3 de l'ordonnance du 22 décembre 1958 est la suivante : « je jure de conserver le secret des actes du parquet, des juridictions d'instruction et de jugement dont j'aurai eu connaissance lors de mon stage ».

[235] La formule sacramentelle consacrée par cette disposition est la suivante : « je jure de bien et fidèlement remplir mes fonctions, de garder religieusement le secret des délibérations et de me conduire en tout comme un digne et loyal magistrat ».

[236] Article 35-14, dernier alinéa, du décret du 7 janvier 1993.

gistrat du second grade » (soit 70,21 €). En outre, ils sont indemnisés de leurs frais de déplacement temporaire.

§ 2. La formation continue

La formation théorique est complétée, pour les juges ayant été nommés, par une formation continue, conformément à l'article 35-13 du décret du 7 janvier 1993 disposant que : « les juges de proximité suivent, pendant la période d'exercice de leurs fonctions, une formation continue obligatoire d'une durée totale de dix jours ».

Conformément à l'article 35-14 alinéa 2 du décret du 7 janvier 1993, ils perçoivent pour toute journée de formation continue, dans la limite de dix journées pendant la période d'exercice de leurs fonctions, une indemnité de vacation correspondant au taux unitaire défini précédemment. Cette indemnité s'impute sur leurs vacations annuelles.

Les juges étant nommés pour une durée de 7 ans[237], la formation dispensée équivaut à un peu plus d'une journée par an.

Conclusion

La loi organique s'étant bornée à renvoyer à un décret ultérieur pour la détermination des conditions de dépôt et d'instruction des candidatures, certaines craintes furent exprimées quant à l'objectivité du recrutement des juges de proximité. Cependant, les dispositions du décret d'application en date du 15 mai 2003 sont venues tempérer les inquiétudes. Celui-ci instaure en effet une procédure de traitement des dossiers de candidature rigoureuse, faisant intervenir les chefs de cour d'appel, le ministre de la justice (qui peut procéder à une instruction complémentaire du dossier) et enfin le Conseil supérieur de la magistrature (qui en cas de doutes sur les capacités du candidat à exercer les fonctions, pourra le soumettre à un stage probatoire). Par conséquent, les bases sur lesquelles la Chancellerie opère la sélection des candidats

---

[237] Article 41-19 alinéa 1 de l'ordonnance du 22 décembre 1958.

déférés à l'appréciation du Conseil supérieur de la magistrature semblent de nature à garantir un contrôle satisfaisant des conditions de capacité et à assurer l'objectivité du recrutement.

Toutefois, reste à savoir comment en pratique le Conseil supérieur de la magistrature juge de l'aptitude des candidats, et notamment s'il se montre sévère dans les avis qu'il rend[238]. Ce n'est en effet que si ce dernier réalise un véritable « filtrage des candidatures » que le risque d'impéritie du juge de proximité pourra être écarté.

---

[238] Sur ce point, V. Partie II, Chapitre 1.

Conclusion générale sur la première partie

L'examen de la physionomie d'ensemble de l'institution à la lumière de la loi du 26 janvier 2005 semble permettre d'entrevoir désormais la finalité réelle des juridictions de proximité. L'objectif initial était de mettre en place des juges chargés d'une mission nouvelle consistant à traiter les litiges de proximité. Or, une étude approfondie sur la nouvelle juridiction incite à penser que les juges de proximité ont en réalité été créés dans le but de désencombrer les tribunaux d'instance en évitant le recrutement de magistrats professionnels. En effet, si le législateur a souhaité marquer la juridiction du sceau de la proximité, cette caractéristique ne ressort pas de manière évidente. Ainsi qu'il l'a été expliqué en introduction, la proximité peut se définir par trois éléments.

En premier lieu, la proximité est un état de voisinage qui se mesure par la distance. La juridiction de proximité serait géographiquement plus proche que le tribunal d'instance. Néanmoins, cela est démenti par le tableau annexé au décret du 23 juin 2003[239] qui indique les sièges des juridictions de proximité. Or, ceux-ci coïncident avec les sièges des tribunaux d'instance.

En second lieu, la proximité désigne une certaine qualité du rapport, plus convivial, qui se manifesterait par un accès plus facile et plus direct au juge. Mais la présentation des règles de procédure faite précédemment démontre qu'il n'existe pas de différences substantielles entre le tribunal d'instance et la juridiction de proximité. Peut-être le contact est-il moins solennel ? Alors que le juge d'instance est revêtu de la robe noire, le juge de proximité ne

---

[239] Pour les références du décret, V. note 88.

porte qu'une médaille en sautoir[240]. Cependant, ainsi que l'a expliqué Raymond MARTIN : « s'il suffit de déshabiller le juge pour lui accorder la proximité, le symbole est bien mince ». Serait-ce alors dans la façon dont le juge de proximité conduit les audiences que la proximité humaine se réalise ? Seule l'étude pratique permettra d'apporter quelques éléments de réponse à cette question.

En troisième lieu, la proximité peut être temporelle. Le juge de proximité permettrait d'obtenir plus rapidement une décision de justice. Là encore, seule une observation du fonctionnement effectif de l'institution semble pouvoir faire la lumière sur cet élément.

---

[240] Le décret n°2003-542 du 23 juin 2003 insère dans le code de l'organisation judiciaire, un article R.331-7 en vertu duquel : « les membres de la juridiction de proximité portent, soit à l'audience, soit dans les cérémonies publiques, suspendue à un ruban, en sautoir, une médaille signe de leurs fonctions. Cette médaille est en bronze doré. D'un module de 65 mm, elle porte à l'avers la mention République française et une tête symbolisant la République, placée de profil, tournée à droite. Au moyen d'une attache d'une largeur de 75 mm portant un rameau d'olivier, la médaille est suspendue à un ruban d'une largeur de 75 mm et de couleur bleu ciel, partagé en son milieu, dans le sens vertical, par un liseré noir d'une largeur de 5 mm ».

V. sur ce point : BOEDELS, Jacques. Le costume des juges de proximité. Gaz. Pal., 2003, n°142, p.25.

2ème PARTIE : LA JURIDICTION ET LES JUGES DE PROXIMITE EN PRATIQUE

Cette deuxième partie vise à étudier la juridiction et les juges de proximité en pratique en dressant un bilan d'étape du recrutement (Chapitre 1) mais aussi en analysant le fonctionnement effectif de l'institution (Chapitre 2) et en mettant en lumière les inquiétudes des juges de proximité concernant leur formation et leur rémunération (Chapitre 3). Cette démarche basée sur l'observation concrète des premiers pas de la nouvelle institution devrait permettre d'une part, de savoir si les nombreuses critiques et inquiétudes formulées lors de sa création s'avèrent fondées et si les objectifs initiaux justifiant sa création peuvent raisonnablement être atteints et d'autre part, de s'interroger sur les conditions dans lesquelles la pérennité de l'institution est envisageable.

Pour mieux saisir le profil de ces nouveaux juges, leur pratique de la procédure, la façon dont ils conçoivent la place de la juridiction de proximité au sein du système juridictionnel français, les difficultés auxquelles ils se heurtent, les points qu'ils souhaiteraient voir améliorer, l'idée de recourir aux outils de la sociologie est apparue opportune. Une enquête de terrain a été réalisée par le biais d'un questionnaire soumis à un échantillon de juges de proximité. Composé d'une vingtaine de questions organisées autour de 7 rubriques[241], le questionnaire a été proposé à 23 juges. Tous (sauf trois) ont manifesté leur volonté d'y répondre mais seuls 15 juges de proximité ont retourné le questionnaire rempli. Destiné à l'origine aux seuls juges de proximité du département de la Loire, il a été élargi à d'autres départements afin d'obtenir une

---

[241] V. p. 215-219.

meilleure représentativité des réponses. Dans cette perspective, des juridictions de proximité relevant de 10 cours d'appel différentes ont été choisies[242]. Les coordonnées des juges de proximité ont été obtenues pour une large partie grâce au site internet de l'association nationale des juges de proximité et le questionnaire a été soumis par courrier électronique ou postal.

Si les réponses fournies apparaissent riches d'enseignements, deux précautions méthodologiques doivent être prises. La première est liée au caractère non exhaustif de l'étude ; les réponses recueillies ne reflétant pas l'intégralité des pratiques des juges de proximité. La seconde, inhérente à tout questionnaire quel que soit l'échantillon pris pour cible, tient au fait que certaines réponses données ne correspondent pas toujours trait pour trait aux pratiques effectivement suivies. Pour tenter de réduire ce risque, le questionnaire indiquait expressément qu'aucune information nominative sur les réponses apportées ne serait mentionnée dans l'étude.

Par ailleurs, les limites de la méthode employée doivent être soulignées. En effet, le choix de prendre pour sujet d'observation des juges de proximité ne constitue qu'une piste de recherche pour aborder le fonctionnement pratique des juridictions de proximité. Il aurait également été intéressant, dans le cadre d'une étude de plus grande ampleur, d'élargir l'enquête de terrain à un échantillon de magistrats professionnels, d'auxiliaires de justice et de justiciables afin de dresser un panorama complet des rapports que peuvent avoir ces différents acteurs avec l'institution.

Enfin, il convient d'indiquer qu'une étude a été menée à plus grande échelle par un groupe de travail mis en place le 23 mars 2005 par l'ancien ministre de la justice, Dominique PERBEN. Conduit par M. Dominique CHARVET, premier président de la cour d'appel de Bastia et M. Jean-Claude VUILLEMIN, procureur général près la cour d'appel de Grenoble et composé de magistrats du siège et du parquet, de juges de proximité et d'un greffier en chef, de représentants de l'école nationale de la magistrature ainsi

---

[242] Aix-en-Provence, Caen, Lyon, Metz, Paris, Pau, Poitiers, Rennes, Riom, Versailles.

que de magistrats chargés de la formation dans leurs cour et tribunal respectifs, ce groupe de travail a reçu pour mission de faire un état de la mise en œuvre de la réforme de la justice de proximité et notamment, d'engager une réflexion sur la formation des juges de proximité. Pour nourrir sa réflexion, le groupe de travail, en concertation avec le Conseil supérieur de la magistrature, a établi deux questionnaires destinés respectivement aux juges d'instance et aux juges de proximité. 60,8 % des juges d'instance et 88,7 % des juges de proximité en exercice y ont répondu. Les conclusion du groupe de travail, rendues publiques en novembre 2005[243], confirment les observations faites dans le cadre de la présente étude.

---

243 Rapport du groupe de travail sur les juridictions de proximité (septembre 2003-novembre 2005) : bilan et propositions. Source : ministère de la justice.

Chapitre 1. Le bilan du recrutement

L'avenir des juridictions de proximité dépend étroitement du nombre de candidats aux fonctions. En effet, une insuffisance de candidatures pourrait mettre en péril l'institution. Lors de la présentation du projet de loi d'orientation et de programmation pour la justice, le garde des Sceaux avait annoncé son intention de recruter 3300 juges de proximité d'ici 2008. Toutefois, un tel chiffre peut sembler surprenant. En effet, ces nouveaux juges sont censés exercer « une part limitée des compétences jusqu'alors dévolues aux tribunaux d'instance ». Or, par comparaison, le nombre total de magistrats professionnels est d'environ 7000, soit à peine deux fois plus, pour des tâches beaucoup plus nombreuses et complexes. Par ailleurs, le chiffre annoncé paraît bien difficile à atteindre au regard du nombre de juges de proximité recrutés depuis deux ans. Ainsi, à la fin du mois de juin 2005, on dénombrait 405 juges de proximité installés dans 282 juridictions de proximité (soit 59,24 % de l'ensemble des juridictions à pourvoir)[244]. Le recrutement d'environ 2900 juges dans les trois années à venir semble donc difficilement réalisable.

S'agissant de la répartition géographique des désignations, certaines cours d'appel reçoivent beaucoup de candidatures. C'est le cas de Paris, Versailles, Aix-en-Provence ou Montpellier, ce qui explique, là où il y a trop de candidats, des nominations en doublon (même si la juridiction voisine, faute de candidats, reste sans juge de proximité). A l'inverse, certaines cours d'appel reçoivent un nombre insuffisant de candidatures (Reims, Douai, Metz, Nancy…). Certes, le manque d'effectif dans certaines régions se pose pour les magistrats professionnels. Cependant, dès leur sortie de l'école nationale de la magistrature, ils peuvent être affectés dans ces régions, contrairement aux juges de proximité qui, lors du

---

[244] Source : ministère de la justice.

dépôt de leur candidature, indiquent leurs desiderata géographiques[245].

Par ailleurs, on comptabilisait, à fin juin 2005, 10 démissions de juges de proximité après leur installation[246]. Selon l'association nationale des juges de proximité, elles ne sont dues que dans très peu de cas à des problèmes relationnels ayant existé entre le juge de proximité et le juge d'instance ou encore à l'échec du stage probatoire. Plus souvent, elles résultent du constat que fait le candidat de l'impossibilité qu'il aura de se libérer pour effectuer le stage (préalable ou probatoire) dans les conditions et délais posés par la loi. D'autres démissions répondent à une évolution des situations personnelles (changement de situation professionnelle ou de la vie privée). Il s'est parfois agi, dans quelques cas, de la déception du juge de proximité par rapport au rôle qui lui serait dévolu et ce, comparativement à l'image qu'il en avait.

Le bilan du recrutement conduit à s'intéresser plus précisément au profil des juges de proximité en fonction (Section 1), à l'appréciation des candidatures faite par le Conseil supérieur de la magistrature (Section 2) mais aussi à la collaboration entre le ministère de la justice et l'agence nationale pour l'emploi (Section 3). Enfin, un point sur la situation dans le département de la Loire sera réalisé (Section 4).

Section 1. Le profil des juges de proximité en fonction

D'abord, les hommes sont légèrement majoritaires à 53 % contre 47 % de femmes.

---

245 Pour lutter contre le déficit de candidatures dans certaines régions, le rapport du groupe de travail sur les juridictions de proximité préconise de relancer une campagne de recrutement avec des moyens appropriés faisant appel aussi bien à la presse quotidienne régionale qu'à la presse professionnelle en direction des personnes de formation juridique.

246 Il faut également mentionner, s'agissant des désistements des candidats soumis à un stage préalable ou à un stage probatoire, que 87 personnes ont renoncé pendant la période comprise entre l'avis du Conseil supérieur de la magistrature et leur installation.

Ensuite, la moyenne d'âge des juges de proximité déjà installés dans leurs fonctions est de 55 ans. Toutefois, on note que la moyenne d'âge des hommes est beaucoup plus élevée que celle des femmes (60 ans pour les premiers contre 50 ans pour les secondes). Cette situation peut trouver une explication dans le fait que certaines femmes nommées juges de proximité ont interrompu leur carrière professionnelle et souhaitent reprendre une activité présentant l'avantage d'être à temps partiel.

Par ailleurs, près de 40 % des juges de proximité exercent une autre activité professionnelle.

Enfin, les statistiques les plus intéressantes concernent l'origine professionnelle des juges de proximité. Deux catégories prédominent, à savoir :

- Les titulaires d'un diplôme sanctionnant 4 années d'étude après le baccalauréat et justifiant de 4 années d'expérience professionnelle dans le domaine juridique, qui représentent 43,2 % des juges de proximité en fonction.

- Les membres ou anciens membres des professions libérales juridiques ou judiciaires soumis à un statut législatif ou réglementaire ou dont le titre est protégé âgés de 35 ans au moins et justifiant de quatre ans d'exercice professionnel dans le domaine juridique, qui représentent 36,8 % des juges de proximité en fonction.

En revanche, toutes les autres catégories ne sont que faiblement représentées.

- Les anciens magistrats de l'ordre judiciaire et de l'ordre administratif représentent 8,5 %.

- Les personnes justifiant d'au moins 25 années d'activité dans des fonctions impliquant des responsabilités de direction ou d'encadrement dans le domaine juridique les qualifiant pour l'exercice des fonctions judiciaires représentent 6,5 %.

- Les conciliateurs de justice ayant exercé leurs fonctions pendant au moins 5 ans représentent 3,6 %.

- Les anciens fonctionnaires des services judiciaires de catégorie A et B, que leur expérience qualifie pour l'exercice des fonctions judiciaires représentent 1,4 % des juges de proximité en fonction.

Ces statistiques sur le profil des juges de proximité en fonction conduisent à s'intéresser à la façon dont le Conseil supérieur de la magistrature apprécie les candidatures.

Section 2. L'appréciation des candidatures par le Conseil supérieur de la magistrature

Le rôle effectivement joué par le Conseil supérieur de la magistrature dans le recrutement des juges de proximité a été contesté publiquement par l'un de ses membres (§ 1). Les déclarations de ce dernier semblent de nature à expliquer le changement de cap dans les différents avis rendus par la haute autorité (§ 2).

§ 1. La contestation du rôle du Conseil supérieur de la magistrature par l'un de ses membres

Dans un entretien accordé au journal Libération en février 2005[247], Valéry TURCEY, membre du Conseil supérieur de la magistrature appartenant à la formation du siège chargée du recrutement des juges de proximité, apportait des précisions importantes quant au rôle effectif joué par le C.S.M. S'étonnant de voir le Conseil supérieur de la magistrature traité comme une simple « chambre d'enregistrement du pouvoir politique », il estimait alors que dans les conditions actuelles, le recrutement devait cesser. Bien que le Conseil constitutionnel ait insisté sur le fait que les juges de proximité faisaient l'objet d'un contrôle approfondi du Conseil supérieur de la magistrature, le magistrat indiqua qu'il se bornait « à un contrôle de légalité » en vérifiant si le candidat remplissait les conditions légales requises.

Précisant que la formation compétente du Conseil supérieur de la magistrature ne rencontrait pas les candidats et se basait uniquement sur les pièces du dossier (lettre de motivation, diplô-

[247] Libération, 14 février 2005, « Arrêtons de recruter les juges de proximité dans le brouillard », entretien avec Valéry TURCEY, membre du Conseil supérieur de la magistrature.

mes, justificatifs d'expérience professionnelle, attestations et avis des chefs de cour), M. TURCEY regrettait « de ne rien connaître de la personnalité du candidat ou de la manière dont il envisage de poursuivre ses autres activités ».

Par ailleurs, il déplorait de retrouver parfois dans les dossiers des lettres de recommandations de parlementaires.

Faisant valoir que la majorité des membres du Conseil supérieur de la magistrature pensaient qu'il était nécessaire de réaliser un bilan d'étape avec le ministère de la justice afin de réfléchir sur la manière dont le dispositif devrait être amélioré, M. TURCEY estimait qu'il n'était plus possible de recruter à cette vitesse, sous la pression du nombre de dossiers, des candidats dont les compétences viennent d'être étendues et n'excluait pas qu'à défaut d'un bilan, la formation du siège du Conseil supérieur de la magistrature cesse de recruter des juges de proximité.

Sortant de la réserve que s'impose par tradition l'institution, M. TURCEY apporte ainsi un éclairage important sur le rôle effectivement joué par le C.S.M. Toutefois, une précision sur le niveau de discours de l'auteur semble nécessaire. En effet, M. TURCEY est membre du Conseil supérieur de la magistrature mais il est aussi l'ancien président de l'Union syndicale des magistrats (U.S.M.) hostile à la création des juges de proximité et à l'extension de leurs compétences[248]. Néanmoins, ses déclarations semblent permettre d'expliquer le changement de cap dans les différents avis rendus par la haute autorité.

§ 2. Les différents avis rendus par le Conseil supérieur de la magistrature

A. Les statistiques

Selon les informations disponibles à fin juillet 2005, le Conseil supérieur de la magistrature a statué à 8 reprises depuis le début

---

[248] V. notamment : « Juge de proximité, une mise en place laborieuse ». Revue de l'U.S.M., n° spécial : bilan 2003.

du recrutement des juges de proximité sur 912 dossiers de candidature[249].

Les avis conformes rendus par le Conseil supérieur de la magistrature représentent 40,52 % du total des dossiers présentés (dont 5,06 avec une durée réduite de formation). Les avis non conformes représentent, quant à eux, 8,83 % du total des dossiers présentés au Conseil. Quant aux avis avec stage probatoire, ils représentent 50,65 % du total des dossiers.

Toutefois, un examen attentif de ces chiffres démontre un changement d'orientation dans les avis rendus par le Conseil supérieur de la magistrature. En effet, les résultats du cinquième C.S.M. ont substantiellement modifié les pourcentages respectifs avis conformes/stages probatoires, en faisant passer les premiers de plus de 50 % à 23 % et les seconds de 40 % à 63 %. Les résultats des deux C.S.M. des 26 janvier et 20 juillet 2005 confirment cette tendance puisque les avis conformes ne représentaient plus que 22 % et les stages probatoires plus de 68 % pour le premier et respectivement 36,5 % et 61,9 % pour le second.

Ces statistiques mettent ainsi en exergue la volonté du Conseil supérieur de la magistrature de freiner le recrutement et d'imposer pour la plupart des dossiers de candidature soumis à son examen, un stage probatoire[250]. Selon les informations fournies par la chancellerie, ce ralentissement dans le recrutement des juges de proximité s'explique par le souci de mieux contrôler les qualités des candidats depuis l'annonce de la loi étendant les compétences de la juridiction de proximité mais plus encore depuis le vote de la loi. Il répond, en outre, à la demande de généralisation des stages

[249] Les 22 juillet et 17 décembre 2003, les 3 mars, 3 juin et 3 novembre 2004, les 26 janvier, 12 mai et 20 juillet 2005.

[250] Sur ce point, le rapport du groupe de travail sur les juridictions de proximité recommande que le stage probatoire soit posé comme principe, sauf décision dérogatoire du Conseil supérieur de la magistrature.

probatoires formulée par l'association nationale des juges d'instance et les magistrats professionnels[251].

Un tel système semble avoir révélé une certaine efficacité puisque le Conseil supérieur de la magistrature a déjà statué sur 225 rapports de stages probatoires au 20 juillet 2005. Or, si pour 155 rapports, un avis conforme a été donné (soit 68,9 %), pour 70 rapports, il a rendu un avis non conforme (soit 31,1 %).

Toutefois, les juges de proximité soumis au stage probatoire ont souligné leur mécontentement face à l'attente qu'ils doivent subir entre la fin de leur stage et la décision du Conseil supérieur de la magistrature statuant sur leur situation (de l'ordre de 6 à 8 mois pour certains). Cette situation n'est guère satisfaisante car il est préférable de mettre en œuvre à brefs délais les notions apprises au cours de la formation théorique, puis du stage probatoire. Le ministère a fait savoir qu'il était parfaitement conscient de ce problème et qu'il travaillait à des solutions permettant de réduire ce délai. La première solution serait sans doute d'imposer un délai maximum entre la fin du stage probatoire et la réunion du Conseil supérieur de la magistrature. Cependant, une intervention législative pourrait être nécessaire, ce qui sous-entend qu'une solution ne pourra pas être mise en place rapidement. La deuxième solution serait de permettre aux candidats de participer à l'activité des juridictions entre la fin des stages et leur prise de fonctions. Toutefois, ainsi que le souligne le rapport sur les juridictions de proximité précité, cette solution repose sur le bon vouloir des juges d'instance et des juges de proximité, faute de support juridique. Elle suppose en outre que le candidat ait suffisamment fait ses preuves lors de son stage probatoire et que l'évaluation de son stage soit sans ambiguïté à cet égard. En effet, la poursuite de la formation au-delà de la durée légale du stage doit être comprise comme devant déboucher sur une prise de fonctions effective et la

---

251 Le rapport du groupe de travail sur les juridictions de proximité explique également que ce changement d'orientation dans les avis rendus par le Conseil supérieur de la magistrature est le résultat de l'élargissement de l'éventail de recrutement des candidats. Cet élargissement du recrutement à d'autres catégories qu'à celles des anciens magistrats de l'ordre judiciaire ou des avocats ou anciens avocats oblige à s'entourer de plus de précautions encore.

plus efficace possible. A défaut, si le C.S.M. est amené à rendre un avis non conforme, ni le candidat, ni souvent la juridiction ne sont en mesure de le comprendre.

B. La teneur des avis

Contrairement aux statistiques, la teneur des différents avis rendus par le Conseil supérieur de la magistrature est très difficile à connaître. En effet, ceux-ci ne sont soumis à aucune forme de publicité. Cependant, certaines informations sur la façon dont statue le C.S.M. ont pu être obtenues soit auprès du ministère de la justice[252] soit grâce aux déclarations publiques faites par les membres du Conseil supérieur de la magistrature.

S'agissant des anciens magistrats de l'ordre judiciaire et de l'ordre administratif, ont été écartés de cette catégorie les juges consulaires, les conseillers prud'homaux, des élus locaux ou encore des commissaires de police qui avançaient leur qualité d'ancien magistrat, qu'ils entendaient utiliser au sens courant du terme et non au sens de l'article 41-17 du statut. Concernant les magistrats professionnels, une dizaine d'entre eux n'ont pas été retenus par la chancellerie compte tenu des appréciations portées dans leur dossier administratif lorsqu'ils étaient en activité et deux d'entre eux, dont la candidature avait été soumise au Conseil, ont fait l'objet d'un avis non conforme.

S'agissant des membres ou anciens membres des professions libérales juridiques et judiciaires réglementées, ont été écartés les experts judiciaires ou encore des gérants de tutelle qui s'étaient portés candidats au titre de cette catégorie. Parmi ces professions seuls, en pratique, les avocats, les notaires et les huissiers de justice, en activité ou non, sont effectivement candidats.

S'agissant des candidats venant du secteur privé avec une formation bac+4 et quatre ans d'expérience professionnelle, les membres du C.S.M. ont beaucoup de discussions pour apprécier le contenu réel de ces postes dans des domaines dits « juridiques ».

---

252 Entretien téléphonique avec M. LERNOUT, chef de la mission « juges de proximité » au ministère de la justice et rapport du groupe de travail sur les juridictions de proximité précité.

M. TURCEY cite à titre d'exemple les interrogations du Conseil supérieur de la magistrature sur la capacité à tenir des audiences par un assureur spécialisé dans le domaine maritime ayant récemment fait acte de candidature.

Par ailleurs, selon la chancellerie, la faible représentativité des personnes justifiant d'au moins 25 années d'activité dans des fonctions impliquant des responsabilités de direction ou d'encadrement dans le domaine juridique trouve une explication dans la jurisprudence du Conseil supérieur de la magistrature. En effet, celui-ci apprécie de façon restreinte le critère tiré des fonctions « d'encadrement et de direction dans le domaine juridique ». Par exemple, concernant les anciens fonctionnaires de police, il considère que ce n'est qu'à partir du grade de capitaine que le candidat peut postuler[253]. Par ailleurs, seules les années à partir desquelles le fonctionnaire a atteint le grade minimum requis doivent être prises en compte dans le calcul des 25 années[254]. En outre, le Conseil supérieur de la magistrature tient compte, pour l'appréciation des compétences juridiques, des tâches que le fonctionnaire de police retraité a effectué dans le cadre de ses fonctions d'encadrement et de direction. Ainsi, s'il a été affecté aux renseignements généraux, à des missions de maintien de l'ordre ou encore à des tâches purement administratives, les années passées dans ces services viendront s'imputer dans le calcul des 25 années.

De plus, lorsqu'un candidat possède des connaissances juridiques dans un domaine spécialisé[255], le Conseil supérieur de la magistrature semble tenir compte, autant que faire se peut, du lieu d'affectation souhaité par le postulant. En effet, selon M LERNOUT, si aucun juge de proximité n'a été nommé au sein de la juridiction dans laquelle le candidat désire être affecté, le C.S.M. aura tendance à privilégier des profils de candidats disposant de

---

253 Pour les retraités de la gendarmerie, le grade requis est au minimum celui de maréchal des logis-chef.

254 Si le candidat n'a accédé aux fonctions de capitaine que quelques années avant la retraite, sa candidature sera rejetée.

255 Par exemple, un commissaire de police à la retraite disposant de compétences en droit pénal et procédure pénale.

compétences « généralistes ». Ceux possédant des compétences spécialisées (en matière civile ou pénale) seront nommés soit dans des juridictions où un juge de proximité à profil généraliste exerce déjà ses fonctions soit dans des juridictions de proximité « spécialisées ». En effet, à Paris, Lyon et Marseille, les tribunaux de police sont autonomes. Dès lors, les juridictions de proximité de ces villes sont spécialisées dans le domaine civil ou dans le domaine pénal.

Enfin, dans son rapport annuel 2004, le Conseil supérieur de la magistrature, après avoir rappelé qu'il lui appartenait de se prononcer sur l'aptitude des candidats présentés par la chancellerie à bien accomplir leurs fonctions après une formation extrêmement légère, a tenu à souligner que le signalement de quelques comportements regrettables de la part de certains d'entre eux et surtout l'élargissement des compétences des juges de proximité n'ont fait que rendre plus impérative encore l'obligation de faire des choix pertinents.

Section 3. La collaboration de la mission juges de proximité avec l'agence nationale pour l'emploi

Suite à la parution de deux articles de presse faisant état d'une offre d'emploi au poste de juge de proximité présente sur plusieurs sites de l'agence nationale pour l'emploi[256], de nombreux magistrats professionnels se sont émus de ces modalités de recrutement. Une enquête plus approfondie a donc été réalisée. Un premier contact avec l'A.N.P.E. de Saint-Etienne a permis de prendre connaissance de la rédaction intégrale de l'annonce (§ 1) et conduit à s'interroger sur les conditions dans lesquelles la collaboration entre le ministère de la justice et l'A.N.P.E. a été mise en place (§ 2).

---

[256] Libération, 11 avril 2005, « Les juges de proximité, une denrée exotique à l'ANPE » et Le Monde, 9 avril 2005, « l'A.N.P.E cherche des juges de proximité, âge limite 75 ans ».

§ 1. La rédaction de l'annonce

Accessible aux conseillers de l'agence depuis le réseau intranet sous le numéro 319944L et classée dans le secteur d'activité « administration publique générale » dans la catégorie « dirigeants de services juridiques », l'offre d'emploi aux fonctions de juge de proximité est formulée de la façon suivante :

« Recherche pour un contrat à durée déterminée de 84 mois (horaires : 10 heures hebdomadaires, lieu de travail : France entière) juges de proximité.

Vous êtes compétent au civil pour les affaires personnelles et mobilières dont vous êtes saisi jusqu'à 4000 euros et pour juger des contraventions commises par des majeurs et parfois par des mineurs.

Condition d'âge : moins de 75 ans. Recrutement sur dossier + stage 21 à 29 jours. Expérience exigée de 25 ans d'encadrement d'un service juridique. Salaire mensuel indicatif de 1058,40 €. Envoyer votre C.V. à l'espace cadre de l'A.N.P.E. Paris-La Défense ou un mail à ERIC.DALPLHIN@ANPE.fr ».

La rédaction de l'annonce apparaît pour le moins surprenante. D'abord, le descriptif du poste est elliptique. Ensuite, le tribunal d'instance y est présenté comme une « entreprise de 1000 à 1999 salariés » et plutôt que de parler de l'exercice des fonctions durant 7 années, l'A.N.P.E. fait état d'un « C.D.D. de 84 mois ».

Faut-il pour autant voir dans cette rédaction un grave dévoiement de la conception de l'activité juridictionnelle et une désacralisation de l'institution judiciaire ou simplement quelques maladresses terminologiques ?

Lors d'un entretien accordé au journal Libération[257], Michel LERNOUT, chef de la mission « juges de proximité » au ministère de la justice, a admis que la rédaction de l'annonce était défectueuse. Reconnaissant « un décalage entre l'annonce A.N.P.E traditionnelle et l'annonce professionnelle pour une personne

---

[257] Libération, 11 avril 2005, « Les juges de proximité, une denrée exotique à l'ANPE ».

candidate à un poste de juge de proximité », il a tenu à préciser que la procédure de recrutement était très lourde.

Un entretien téléphonique avec Eric DALPHIN, chargé du recrutement des juges de proximité au sein de l'espace cadre de l'A.N.P.E. Paris-La Défense[258] a permis d'obtenir quelques éclaircissement sur ce point. En effet, l'annonce a été réalisée par l'agence nationale pour l'emploi en concertation avec la mission « juges de proximité ». Cependant, la rigidité du système informatique, nécessitant de remplir tous les champs de l'annonce selon une nomenclature préexistante, explique les imperfections de la rédaction.

Au-delà du caractère atypique de l'annonce, une question importante apparaît en filigrane. En effet, faut-il comprendre qu'à défaut d'un nombre suffisant de candidatures aux fonctions de juge de proximité, le ministère de la justice a sollicité le concours de l'agence nationale pour l'emploi ou si, au contraire, celle-ci a spontanément proposé ses services pour le recrutement ?

§ 2. L'initiative de la collaboration

Selon M. LERNOUT, c'est l'A.N.P.E. qui a sollicité la chancellerie, en 2003, en l'invitant à des forums pour l'emploi des cadres et en proposant de diffuser parallèlement une annonce dans certaines de ses agences. Il déclare avoir « d'abord été perplexe car la fonction de juge de proximité n'est que partielle et ne peut constituer un travail de substitution ». La mission « juges de proximité » du ministère, après avoir privilégié les affiches placardées dans tous les tribunaux, a finalement accepté la proposition faisant valoir que le seul fait d'être au chômage ne devait pas constituer un motif pour être écarté.

Du côté de l'agence nationale pour l'emploi, les responsables mettent en avant la réintégration dans le monde du travail « des séniors qui ont souvent des difficultés et qui n'auraient jamais pensé à ces métiers ». Mais plus inquiétantes apparaissent les déclarations dans la presse d'un responsable se félicitant d'une

---

[258] Entretien téléphonique réalisé le vendredi 13 mai 2005.

« manne énorme en termes de postes (...) permettant de caser des cinquantenaires, juristes d'entreprise au chômage, dont l'âge freine le retour à l'emploi mais aussi de démythifier la fonction »[259]. En effet, une telle présentation du recrutement des juges de proximité apparaît d'une part, caricaturale car pouvant inciter à douter des compétences et des motivations des candidats et d'autre part, erronée dans la mesure où elle pourrait faire croire qu'il n'existe aucun filtrage des candidatures. Or, selon M. LERNOUT, sur 170 cadres chômeurs proposés à la chancellerie, moins d'une dizaine de dossiers ont été présentés au Conseil supérieur de la magistrature.

L'entretien avec M. DALPHIN, a permis d'apprendre que peu de temps avant la parution d'articles de presse révélant la collaboration entre l'A.N.P.E. et la mission « juges de proximité », l'annonce a été suspendue à la demande de la chancellerie. Invoquant certains « remous » du côté du ministère, il « espère que la collaboration pourra reprendre très prochainement » et a indiqué qu'il ne connaissait pas les raisons précises d'une telle suspension.

S'agissant de la mission confiée à l'A.N.P.E, M. DALFIN a indiqué que l'agence jouait « un rôle de diffusion, de présélection et de suivi » en répondant aux demandeurs d'emploi intéressés par l'annonce, en proposant aux personnes dont le profil correspond au poste de déposer un dossier de candidature et en effectuant un travail de suivi des dossiers auprès du ministère.

Concernant le nombre de candidatures proposées par l'A.N.P.E, le responsable a confirmé les chiffres annoncés par le ministère mais a tenu à signaler les délais importants de traitement des candidatures par la chancellerie (ceux-ci pouvant atteindre 12 à 18 mois).

En dépit d'importantes maladresses rédactionnelles dans l'annonce, le principe même d'une collaboration entre l'A.N.P.E. et la chancellerie n'apparaît pas inopportun. En revanche, les déclarations médiatisées de certains responsables de l'agence sont de nature à nuire à l'image que doivent construire les juges de proxi-

---

[259] Supra note 256.

mité auprès des justiciables. Cet élément, ajouté aux vives réactions des magistrats professionnels ayant découvert l'annonce dans la presse, semble pouvoir expliquer la suspension de la collaboration par décision du ministère.

Section 4. La situation dans le département de la Loire

Afin d'avoir une idée plus précise du bilan du recrutement dans le département de la Loire, une enquête sur les modalités de recrutement des juges de proximité (§ 1) et sur l'effectif (§ 2) a été réalisée.

§ 1. Les modalités de recrutement des juges de proximité

Ainsi qu'il l'a été expliqué précédemment, la circulaire du 19 mai 2003 donne la possibilité (et non l'obligation) pour les chefs de cour de recueillir l'avis des présidents des tribunaux de grande instance pour le recrutement de certains candidats comme les avocats ou officiers ministériels[260].

Dans le ressort de la cour d'appel de Lyon, la consultation des présidents des tribunaux de grande instance est systématique quel que soit le candidat. Ainsi, à Saint-Etienne, l'avis du président du tribunal de grande instance et du procureur de la République est sollicité pour les candidats qui sont domiciliés dans la circonscription. Autrement dit, chaque personne qui est candidate aux fonctions de juge de proximité et qui habite dans la circonscription est reçue par le président du tribunal de grande instance qui, suite à l'entretien individuel, transmet son avis au premier prési-

260 Le rapport du groupe de travail sur les juridictions de proximité souligne toutefois que, sur le fondement du même texte de loi, du même décret et de la même circulaire d'application, la procédure d'instruction des dossiers de candidatures est en pratique très différente d'une cour à une autre. Il suggère en conséquence que les comptes rendus d'entretien soient « normalisés » afin de permettre à la fois au ministère de la justice et au Conseil supérieur de la magistrature de disposer des mêmes éléments d'information pour tous les candidats.

dent de la cour d'appel en indiquant si la candidature lui paraît ou non intéressante.

Cette démarche, mise en place par le premier président de la cour d'appel de Lyon, présente l'avantage de renforcer le filtrage des candidatures du fait de l'examen par un acteur supplémentaire (le président du tribunal de grande instance) des conditions d'aptitude des candidats.

§ 2. L'effectif

A. La situation actuelle

Le département de la Loire comportait, au 20 juin 2005, 6 juges de proximité[261].

S'agissant de leur profil, cinq juges de proximité sur six ont une formation d'avocat et disposent d'une solide expérience des pratiques judiciaires. Un seul continue à exercer la profession d'avocat parallèlement à ses fonctions.

Selon les chiffres fournis par les greffes des tribunaux d'instance du département, toutes les juridictions de proximité possèdent au moins un juge de proximité.

S'agissant de la répartition des tâches entre les deux juges de proximité de Saint-Etienne, le magistrat chargé de l'administration de la juridiction de proximité a octroyé une certaine marge de liberté aux nouveaux juges en leur laissant le soin de se partager le travail[262]. Cependant, il se réserve la possibilité, en cas de désaccord ou pour des raisons de bonne administration de la justice, de réorganiser le partage des affaires. En pratique, les 2 juges de proximité se sont réparties géographiquement. Comme il y a deux greffes détachés à Rive-de-Gier et Saint-Chamond, l'une exerce ses fonctions principalement dans ces deux greffes et l'autre est affectée à Saint-Etienne.

---

[261] Deux juges de proximité ont été nommées à Saint-Etienne, une au Chambon-Feugerolles, deux à Montbrison et une à Roanne.

[262] Sur le rôle du juge directeur du tribunal d'instance dans l'administration de la juridiction de proximité, V. p. 32 à 34.

Enfin, à la date du 9 juin 2005, aucun juge de proximité à Saint-Etienne n'a été désigné pour valider les mesures de compositions pénales[263].

B. La période de fonctionnement de la juridiction sans l'effectif nécessaire

Les premiers juges de proximité à Saint-Etienne sont entrés en fonction en décembre 2004[264]. Depuis la mise en place effective de la juridiction de proximité fixée au 15 septembre 2003[265] jusqu'à cette date, les magistrats du tribunal d'instance faisaient donc office de juges de proximité.

En outre, après l'adoption de la loi du 26 janvier 2005, les juges du tribunal d'instance ont également pris en charge pendant quelques temps le surplus de contentieux normalement dévolu à la juridiction de proximité. En effet, le tableau des dates d'audiences du juge de proximité venait d'être établi. Pour ne pas bouleverser l'intégralité du calendrier, le magistrat directeur de la juridiction de proximité a ainsi décidé, à titre transitoire, d'organiser des audiences civiles mixtes dans lesquelles le juge du tribunal d'instance statuait aussi en qualité de juge de proximité.

Le remplacement des juges de proximité par des magistrats du tribunal d'instance ne va pas sans poser certaines difficultés. En premier lieu, dans une telle hypothèse, les juridictions de proximité sont dans l'impossibilité de répondre à l'objectif qui leur était initialement dévolu, à savoir « rapprocher la justice du citoyen par le recours à des juges non professionnels ». En second lieu, les juges d'instance statuant également comme juges de proximité

---

[263] Selon le rapport du groupe de travail sur les juridictions de proximité, la délégation des juges de proximité en matière de composition pénale n'est pratiquement pas utilisée, puisque sur 287 juges de proximité ayant répondu au questionnaire, 93 % ont indiqué n'avoir jamais été délégués pour valider des compositions pénales.

[264] La première audience pénale a eu lieu le 5 janvier 2005.

[265] Source : circulaire de la direction des services judiciaires du 12 septembre 2003 relative au fonctionnement des juridictions de proximité. B.O. du ministère de la justice n°91.

doivent supporter une charge de travail supplémentaire puisque leur propre taux de compétence est passé de 7600 à 10000 euros.

Certes, à ce jour, dans le département de la Loire, toutes les juridictions de proximité possèdent leurs juges de proximité et seules les périodes de mise en place de la nouvelle institution et de réajustement de ses compétences ont conduit à ce que des magistrats du tribunal d'instance exercent les fonctions normalement dévolues aux juges de proximité.

Cependant, certaines juridictions de proximité d'autres départements ne sont toujours pas dotées de juges de proximité. En effet, selon les informations fournies par la chancellerie en juin 2005, dans 40 % des juridictions de proximité, aucun juge de proximité n'avait été nommé. A titre d'illustration et après renseignements pris auprès des greffes des 11 tribunaux d'instance du département de la Moselle (hors greffes détachés), à la date du 20 juin 2005, seuls 6 étaient dotés de juges de proximité[266]. Dans les 5 autres[267], des magistrats du tribunal d'instance exerçaient les fonctions de juge de proximité. Sur l'ensemble du département, on comptait seulement 6 juges nommés[268]. Une telle situation n'apparaît donc pas satisfaisante et semble susciter de la part de certains juges d'instance de cette région des mécontentements.

Conclusion

Les indications fournies par M. TURCEY sur la façon dont s'organise en pratique l'examen des candidatures par le Conseil supérieur de la magistrature conduisent inévitablement à s'interroger sur la qualité du contrôle effectué par cette autorité. Toutefois, la décision désormais quasi systématique du C.S.M. d'imposer aux candidats un stage probatoire semble de nature à

---

266 Thionville, Sarrebourg, Rohrbach-lès-bitche, Boulay-Moselle, Metz, Sarreguemines.

267 Tribunal d'instance de Saint-Avold, Phalsbourg, Forbach, Château-Salins, Hayange.

268 L'effectif était donc le même que dans le département de la Loire alors que la Moselle compte environ 295000 habitants de plus.

tempérer les inquiétudes. En effet, si dans un premier temps le Conseil supérieur de la magistrature ne semble pas avoir joué pleinement son rôle et cédé à la pression du recrutement opérée par le ministère, il paraît désormais beaucoup plus enclin à effectuer un contrôle approfondi des conditions d'aptitudes des candidats. Ce changement de cap va certes avoir pour effet de diminuer le nombre de juges de proximité recrutés. Cependant, il permettra de privilégier la qualité des juges sur leur nombre.

Néanmoins, la préoccupation majeure concerne le déficit de candidats dans certaines cours d'appel. Il est permis d'espérer que dans un bref délai toutes les juridictions seront dotées de juges de proximité car à défaut, l'avenir des juridictions de proximité serait gravement hypothéqué.

Chapitre 2. Le fonctionnement des juridictions de proximité

Le fonctionnement des juridictions de proximité conduit à s'interroger sur la prise des fonctions des nouveaux juges (Section 1), le nombre de vacations qu'ils effectuent et le type de contentieux qu'ils sont amenés à traiter (Section 2), la façon dont ils appliquent certaines règles de procédure (Section 3) et conduisent les audiences (Section 4). Par ailleurs, les juges de proximité pouvant désormais siéger en qualité d'assesseur au sein du tribunal correctionnel, un bilan de la mise en place au tribunal de grande instance de Saint-Etienne sera réalisé (Section 5).

Section 1. La prise des fonctions

L'objet de cette section est de rendre compte de la façon dont s'est opérée la prise de fonctions des juges de proximité, d'une part, à travers la mise en place des audiences (§ 1) et d'autre part, à travers l'accueil réservé aux nouveaux juges par les magistrats professionnels (§ 2).

§ 1. La mise en place des audiences

A. L'organisation matérielle

A la question : « lors de votre installation, avez-vous rencontré des difficultés matérielles dans l'organisation des audiences ? », la réponse des juges de proximité est largement négative. En effet, 13 personnes interrogées déclarent n'avoir été confrontées à aucun problème de cet ordre. Seules 2 font état de difficultés importantes. Un juge souligne une « organisation matérielle du tribunal lamentable » et un autre relate lors de son installation des difficultés pour obtenir les moyens matériels de travailler (bureau, ordinateur, téléphone, codes...). Force est donc de constater que, hormis quelques exceptions, l'organisation matérielle des audiences des juridictions de proximité fonctionne assez bien en pratique.

B. La fixation du calendrier des audiences

Ainsi qu'il l'a été expliqué précédemment[269], les dates d'audiences de la juridiction de proximité sont en principe fixées annuellement par le juge directeur du tribunal d'instance. Par conséquent, les juges de proximité se voient en théorie soumis aux mêmes règles que celles applicables aux magistrats professionnels. Or, un juge de proximité ayant déjà une activité professionnelle risque de se trouver dans l'impossibilité de tenir certaines audiences aux jours et heures décidés.

Certains commentateurs ont souligné la rigidité du système de fixation des dates d'audiences et déploré l'absence de concertation des juges de proximité[270]. Pourtant, ces propos méritent d'être nuancés. A la question : « le président du tribunal d'instance vous a-t-il consulté pour la détermination des dates d'audiences ou avez-vous dû adapter votre emploi du temps principal à des dates prédéterminées et imposées ? », les 2/3 des juges de proximité interrogés lors de cette étude ont déclaré que les juges directeurs avaient fait preuve de souplesse. Lorsque le planning n'était pas déterminé, ils ont été consultés et lorsque les dates d'audiences étaient déjà fixées avant la prise de leurs fonctions, les juges directeurs ont accepté de les modifier pour tenir compte de leurs disponibilités professionnelles (et même parfois familiales).

Ainsi, la façon dont est fixé en pratique le calendrier des audiences ne semble pas de nature à décourager l'ensemble des juges de proximité exerçant parallèlement une activité professionnelle. Néanmoins, elle dépend uniquement de la volonté des juges directeurs. Pour cette raison, il aurait été préférable que le législateur prévoit expressément la prise en compte des impératifs professionnels des juges de proximité dans la détermination des dates

---

[269] V. Partie I : Chap. 1 du Titre 1.

[270] V. notamment M.C. LEBRETON précitée : l'auteur considère que dans ces conditions : « seules peuvent effectivement assurer sans difficultés les fonctions de juge de proximité les personnes qui n'ont pas d'autre activité professionnelle (retraités, femmes ayant élevé leurs enfants et voulant reprendre une activité, personnes à la recherche d'un emploi) ».

d'audiences afin d'éviter certaines incompatibilités préjudiciables au bon-fonctionnement de la juridiction.

§ 2. Les relations avec les magistrats professionnels

Lors de son audition par la commission des lois au Sénat, Isabelle GUENEZAN, présidente de l'association nationale des juges de proximité, a indiqué que, dans les juridictions, les juges de proximité entretenaient de bonnes relations avec les magistrats professionnels et faisaient fi des critiques adressées au plan national par leurs organisations représentatives. Auditionné à son tour, M. LERNOUT indiquait que les nombreux articles de presse faisant état de l'hostilité des magistrats professionnels à l'égard des juges de proximité n'avaient pas été corroborés par l'enquête menée par sa mission auprès de cent juges de proximité, selon laquelle, 85 % affirmaient avoir été bien accueillis.

Afin de vérifier ces informations, treize juges de proximité ont été interrogés sur ce point dans le cadre de la présente étude. Dix ont déclaré entretenir de « bonnes » voire d' « excellentes » relations avec les magistrats professionnels. Deux ont été plus réservés, qualifiant les relations de « chaleureuses en apparence » et un seul a tenu à faire état de relations « conflictuelles » au début de son installation.

En outre, à la question : « que pensez-vous des différentes critiques suscitées par la création de cette nouvelle institution ? Vous paraissent-elles fondées ? », 8 juges de proximité sur 15 estiment qu'elles sont totalement infondées et relèvent de réactions corporatistes de la part des magistrats professionnels. Cependant, 7 juges interrogés sont plus nuancés dans leurs propos et estiment que si certaines critiques sont exagérées, d'autres sont compréhensibles, notamment concernant le manque de formation, la mise en place trop rapide de la réforme ou la complexification des règles de répartition des compétences entre les juridictions.

En dépit des vives réactions suscitées par l'instauration des juridictions de proximité puis par l'extension de leurs compétences, l'enquête permet de déduire que les relations des magistrats professionnels avec les juges de proximité ne semblent pas de nature à interférer sur le bon-déroulement des fonctions de ces derniers.

Section 2. Le contentieux

En raison de l'entrée en vigueur récente de la loi portant extension des compétences de la juridiction de proximité, il n'est pas possible de connaître avec précision la masse du contentieux soumis aux juges de proximité. En outre, le juge directeur du tribunal d'instance de Saint-Etienne a estimé ne pas être en mesure de communiquer des statistiques suffisamment représentatives de l'activité de l'institution depuis l'application de la loi du 26 janvier 2005.

Cependant, l'enquête auprès de juges de proximité de différentes cours d'appel permet d'avoir un aperçu du nombre de vacations effectuées avant et après l'entrée en vigueur de la loi nouvelle (§ 1) et des types de litiges qu'ils sont amenés à traiter le plus fréquemment (§ 2).

§ 1. Le nombre de vacations effectuées

⇨ Voir page suivante : tableau récapitulatif des réponses de 12 juges de proximité concernant l'évolution du nombre de leurs vacations depuis l'entrée en vigueur de la loi du 26 janvier 2005.

Nombre de vacations (*1) effectuées mensuellement avant l'entrée en vigueur de la loi du 26 janvier 2005	Nombre de vacations effectuées mensuellement depuis l'entrée en vigueur de la loi du 26 janvier 2005
5	10
12	Augmentation prévisible (*2)
9	Augmentation prévisible
2 à 4	3 à 5
8 à 10	Augmentation prévisible
7 à 8	Augmentation des injonctions de payer
8	Augmentation prévisible au civil
4 à 5	Augmentation au civil
10	Pas d'augmentation car nouveau juge nommé
7	10
4 à 5	7 à 8
5	Pas d'augmentation car nouveau juge nommé

(*1) Ainsi qu'il le sera expliqué dans le chapitre suivant, une audience civile ou pénale représente 3 vacations.

(*2) Les juges de proximité déclarant qu'une augmentation est prévisible sans l'évaluer ont été contactés peu de temps après l'entrée en vigueur de la loi nouvelle.

Sur 12 juges interrogés, 10 affirment qu'ils connaissent ou vont connaître une augmentation du nombre de vacations qu'ils effectuent mensuellement en raison de l'entrée en vigueur de la loi du 26 janvier 2005 et 2 déclarent que ce nombre ne va pas augmenter en raison de nouveaux juges de proximité nommés dans leur juridiction. Les craintes exprimées par certains de voir leur charge de travail alourdie pour un nombre de vacations inchangé semblent donc devoir être tempérées à la lumière de ces statistiques.

§ 2. Les types de litiges examinés

A la question : « du contentieux civil ou pénal, lequel représente votre activité essentielle ? », hormis les juges de proximité spécialisés dans l'un des deux domaines[271], la plupart affirment qu'il existe un certain équilibre entre les deux contentieux, même si la matière civile nécessite un travail plus important (étude des dossiers, rédaction des jugements, etc.).

S'agissant des litiges auxquels les juges de proximité interrogés sont le plus souvent confrontés, en matière civile, l'essentiel des réponses concerne : les actions en restitution de dépôts de garanties en matière de baux d'habitation[272], les actions portant sur des contrats inexécutés ou mal exécutés[273], les conflits de voisinage et les actions en répétition de l'indu intentées par les ASSEDIC[274]. En matière pénale, les juges traitent le plus souvent les contraven-

[271] 3 sur 15 interrogés dans le cadre de cette étude traitent de façon exclusive le contentieux civil ou pénal, soit parce que la ville dans laquelle ils exercent est dotée d'un tribunal de police autonome, soit parce que plusieurs juges exercent au sein de la même juridiction de proximité et qu'ils ont souhaité (avec l'accord du juge directeur) se répartir les affaires selon le contentieux qu'ils maîtrisent le mieux (notamment en raison de leur activité professionnelle).

[272] Invoquées par 8 juges sur 15.

[273] Notamment les contrats de prestations de services souscrits par des particuliers avec des fournisseurs d'accès à Internet ou des opérateurs de téléphonie mobile.

[274] Lorsque le bénéficiaire de l'assurance chômage n'a pas déclaré à l'ASSEDIC avoir retrouvé un emploi et que cette dernière a continué à verser l'allocation, elle peut intenter une action en remboursement des sommes versées indûment. Depuis l'entrée en vigueur de la loi du 26 janvier 2005, plusieurs juges de proximité font état de ce contentieux.

tions des 4 premières classes au code de la route[275] et les contraventions pour violences légères[276].

Le montant des litiges civils est assez variable selon les juges interrogés mais une moyenne peut être fixée à environ 2000 euros depuis l'entrée en vigueur de la loi du 26 janvier 2005. Ce chiffre confirme donc que les justiciables sont peu enclins à saisir le juge de proximité pour des litiges portant sur de petites sommes d'argent. Or, il faut rappeler que l'objectif essentiel de l'instauration des juridictions de proximité était de permettre aux justiciables confrontés à des litiges comportant un enjeu pécuniaire peu important de s'adresser plus facilement à un juge. Force est donc de constater que cet objectif n'est pour l'instant pas atteint ; le montant moyen des litiges correspondant à deux fois celui du salaire minimum de croissance.

Section 3. La pratique de la procédure

Etudier la façon dont les juges de proximité appliquent en situation contentieuse les règles de procédure est une tâche de grande ampleur. Dans le cadre de cette étude, il n'est pas possible de traiter de manière exhaustive la question. Par conséquent, seuls deux points seront examinés : d'une part, la place accordée par les juges de proximité à la tentative préalable de conciliation (§ 1) et d'autre part, l'utilisation de la procédure de renvoi au juge d'instance en cas de difficulté juridique sérieuse (§ 2).

§ 1. La place accordée à la tentative préalable de conciliation

La conciliation tient une place prééminente dans les intentions des promoteurs de la juridiction de proximité. Dans cette perspective, l'article L.331-3 du code de l'organisation judiciaire dispose qu'elle se prononce « après avoir cherché à concilier les parties ».

---

[275] Notamment les excès de vitesse, le non respect des feux tricolores ou de la signalisation dite « stop ».

[276] L'article R.624-1 du code pénal qualifie de « violences légères » les violences volontaires n'ayant entraîné aucune incapacité totale de travail.

Afin de savoir comment les juges de proximité appliquent cette disposition en situation contentieuse, plusieurs d'entre eux ont été interrogés dans les termes suivants : « quelle place donnez-vous à la conciliation en matière civile ? La considérez-vous comme un préalable obligatoire ? Comment l'utilisez-vous ? » L'examen des différentes réponses révèle une assez grande hétérogénéité des pratiques.

Si 8 juges sur 13 estiment qu'il est nécessaire de lui donner une place prépondérante, la plupart reconnaissent ne pas l'utiliser systématiquement et invoquent différents motifs comme l'absence de conciliateur, le manque de temps, la réticence des avocats lorsque les parties sont assistées d'un conseil. Néanmoins, certaines raisons avancées par plusieurs juges de proximité pour expliquer qu'ils n'utilisent pas systématiquement la conciliation ne semblent pas pertinentes. En effet, l'absence de conciliateur n'est pas de nature à empêcher toute tentative préalable de conciliation puisque le juge de proximité peut la réaliser lui-même sans nécessairement renvoyer à un conciliateur[277]. En outre, le manque de temps peut paraître surprenant dans la mesure où le législateur souhaitait que le juge de proximité « dispose du temps nécessaire pour privilégier l'écoute des justiciables [...] et la conciliation ».

Par ailleurs, 5 juges déclarent l'utiliser de façon peu fréquente et lorsque certaines conditions sont réunies. Ainsi, un juge interrogé ne la « propose jamais lorsque les parties sont assistées ou représentées par un avocat ». Certes, dans ce cas, les parties, sur recommandation de leur avocat, sont souvent décidées à ne faire aucune concession et souhaitent obtenir un titre exécutoire. Cependant, cette pratique n'est pas généralisable dans la mesure où certains avocats ne sont pas toujours hostiles à toute tentative de conciliation préalable. De même, un autre juge l'utilise « à l'audience, lorsque les 2 parties sont présentes et reconnaissent la matérialité des faits, soit une fois sur dix ». Or, une tentative de conciliation vise à rapprocher les points de vue des parties et peut donc les amener à reconnaître la matérialité des faits dans le cadre d'un processus de discussion. Par ailleurs, un dialogue mené dans

---

[277] V. art. L.331-3 alinéa 1 du code de l'organisation judiciaire précité.

un contexte moins solennel que celui de l'audience permettrait probablement d'obtenir de meilleurs résultats.

Force est donc de constater que la tentative préalable de conciliation n'est pas, contrairement aux intentions du législateur, une règle de principe dans le déroulement de la procédure devant la juridiction de proximité. L'hétérogénéité des pratiques semble pouvoir s'expliquer par la diversité des points de vue des juges sur les intérêts d'une tentative de conciliation. Alors que certains y sont sensibles et voient dans cette phase un moyen de trouver une solution non pas imposée mais librement négociée par les parties, d'autres semblent peu enclins à privilégier cette voie, estimant que les chances de réussite sont trop faibles car le justiciable saisissant une juridiction n'est prêt à aucune concession.

Pourtant, la tentative préalable de conciliation peut amener des résultats positifs[278] et est proposée de manière systématique dans certains tribunaux. Ainsi, à Lyon, lorsque le tribunal d'instance ou la juridiction de proximité est saisi par une déclaration au greffe, le dossier est renvoyé au conciliateur 2 mois avant l'audience[279]. De même, une pratique a été instaurée à Bobigny depuis plusieurs années consistant à envoyer automatiquement les affaires soumises au tribunal d'instance (et désormais à la juridiction de proximité) devant un conciliateur de justice avant la date de l'audience. Or, sur environ 60 dossiers, 10 à 15 débouchent sur une conciliation[280]. Ce chiffre semble suffisamment encourageant pour généraliser cette pratique[281].

Certes, il existe plusieurs limites à l'action des conciliateurs. D'abord, leur existence est peu connue. Ensuite, il est de plus en plus difficile de trouver des candidats. Le bénévolat total sur le-

---

[278] Sur 9000 tentatives préalables de conciliation menées en 2002, 5620 se sont soldées par une conciliation (soit 62,4 % de réussite).

[279] En revanche, lorsque la saisine est effectuée par assignation, le renvoi au conciliateur n'est pas systématique car la procédure de signification demande plus de temps et les délais pour juger sont plus courts.

[280] Chiffres fournis par un juge de proximité de Bobigny.

[281] Le rapport du groupe de travail sur les juridictions de proximité préconise d'ailleurs « un recours obligatoire à la conciliation » (V. p.55 du rapport).

quel repose le système restreint considérablement les possibilités de recrutement ainsi que l'investissement dans la fonction[282]. Enfin, l'exigence d'une expérience dans le domaine juridique d'au moins 3 ans et d'une aptitude particulière à la conciliation ne suffit pas à garantir une réelle aptitude à exercer leurs fonctions.

Toutefois, le législateur aurait pu apporter certaines réponses à ces problèmes, notamment par l'octroi d'une indemnité d'un montant correct aux conciliateurs et par un renforcement des conditions d'aptitudes. En effet, si le conciliateur n'a pas le pouvoir de trancher le litige et n'apporte pas une solution dans toutes les affaires, son action peut se révéler efficace et éviter ainsi le coût d'un procès. Il est donc regrettable que le législateur n'ait pas envisagé d'une part, une réforme de l'institution des conciliateurs de justice et d'autre part, une meilleure articulation de leurs compétences avec celles des juges de proximité[283].

§ 2. Le renvoi au juge d'instance en cas de difficulté juridique sérieuse

Le mécanisme prévu par l'article L.331-4 du code de l'organisation judiciaire, permettant au juge de proximité de renvoyer l'affaire au tribunal d'instance lorsqu'il se heurte à une difficulté juridique sérieuse portant sur l'application d'une règle de droit ou sur l'interprétation du contrat liant les parties, a été l'objet de vives controverses. Une étude a donc été menée afin de connaître en pratique les difficultés juridiques rencontrées par les juges de proximité ainsi que leur avis sur l'utilité de la procédure prévue par l'article L.331-4 précité.

Sur 13 juges interrogés, 11 affirment n'avoir jamais éprouvé de difficultés juridiques pour trancher un litige depuis la prise de leurs fonctions. Seuls 2 juges sont plus réservés et déclarent avoir ren-

---

[282] Ainsi que l'a relevé Christian COINTAT, rapporteur de la mission sur l'évolution des métiers de la justice, il faut peut-être voir dans la rareté des candidatures « la limite du bénévolat dans notre pays ».

[283] Sur ce point, V. BARRIERE, Claude-Philippe. Le juge de proximité et le conciliateur de justice : partenaires ou concurrents ? Gaz. Pal., 2002, n° 328, p. 3-7.

contré quelques difficultés sur des éléments de procédure[284] ou pour répondre à des exceptions ou nullités. Néanmoins, ces statistiques méritent d'être nuancées à la lumière de l'étude menée par le groupe de travail sur les juridictions de proximité. En effet, en interrogeant à la fois les juges d'instance et les juges de proximité sur les difficultés éprouvées par ces derniers dans le domaine civil, le rapport met en évidence une proportion beaucoup plus importante de juges de proximité déclarant avoir rencontré des difficultés[285].

S'agissant de la procédure de renvoi de compétence au tribunal d'instance en cas de difficulté juridique sérieuse, le résultat de l'enquête pratique démontre qu'aucun juge de proximité ayant répondu au questionnaire ne l'a déjà mobilisée[286]. Si la plupart des juges interrogés considèrent que cette disposition peut être utile[287], plusieurs d'entre eux préfèrent demander des conseils aux juges d'instance, aux greffiers ou à d'autres juges de proximité dans un cadre plus informel et considèrent qu'elle ne doit être qu'exceptionnellement utilisée afin d'éviter les retards dans les délais de rendu des jugements. Par conséquent, les conditions dans lesquelles les juges de proximité entendent mobiliser cette disposition ne semblent pas, contrairement aux inquiétudes avancées lors des débats parlementaires ou dans les commentaires doctrinaux, de nature à entraîner des complexifications procédurales ou un surcroît d'activité pour les juges d'instance.

---

[284] Un juge cite ainsi quelques difficultés concernant la déclaration de connexité ou le renvoi pour incompétence.

[285] 77 % des juges d'instance interrogés estiment que les juges de proximité ont éprouvé des difficultés dans l'exercice de leurs fonctions (ces difficultés concernant essentiellement le droit civil, le sens de l'application du droit et la technique de rédaction des jugements). Les juges de proximité ont répondu dans des proportions presque similaires puisque 167 d'entre eux déclarent avoir rencontré des difficultés au civil.

[286] Le rapport du groupe de travail sur les juridictions de proximité confirme l'utilisation marginale de cette procédure au niveau national puisque 96 % des juges de proximité interrogés déclarent ne pas avoir été amenés à se dessaisir pour difficultés juridiques sérieuses.

[287] Parmi les 11 juges s'étant prononcés sur l'utilité de cette disposition, seuls 2 en soulignent l'inanité.

Section 4. Le déroulement des audiences

§ 1. La mise en place d'audiences foraines

Ainsi qu'il l'a été expliqué précédemment, le juge de proximité peut tenir des audiences foraines en tout lieu approprié. Lors des débats parlementaires, le gouvernement a tenu à rappeler l'existence d'un tel mécanisme afin de marquer la nette volonté de le faire fonctionner plus activement dans les juridictions de proximité au motif qu'il permettrait « d'assurer une présence judiciaire au niveau le plus pertinent et d'offrir au justiciable un juge facilement accessible et le plus proche possible du terrain ». La question est donc de savoir si certaines audiences foraines sont effectivement mises en place par les juges de proximité ?

Sur l'ensemble des juges interrogés dans le cadre de cette étude, aucun ne déclare avoir déjà tenu des audiences foraines depuis la prise des fonctions. Certains expliquent qu'en pratique, ce type d'audience n'est pas envisageable car les greffiers, les avocats et le ministère public en matière pénale, sont peu favorables à des déplacements.

Ce constat suscite certains regrets dans la mesure où les audiences foraines permettraient d'une part, de renforcer la proximité géographique et d'autre part, de régler certains litiges dans un cadre moins solennel que celui d'une salle d'audience[288]. Toutefois, il appartient désormais à la chancellerie, au besoin par voie de circulaire, d'inciter les juridictions à rendre une justice plus « ambulatoire » et de mettre en œuvre les moyens nécessaires pour que les audiences foraines soient tenues dans toutes les juridictions de proximité.

---

[288] V. dans le même sens, les conclusions du rapport du groupe de travail sur les juridictions de proximité, p.87.

§ 2. Les efforts faits par les juges de proximité pour rapprocher la justice du citoyen

A. Dans le déroulement des audiences

Le rapprochement des citoyens avec le service public de la justice a été largement invoqué lors de l'exposé des motifs de la loi instituant les juridictions de proximité. Ainsi qu'il l'a été expliqué précédemment, ce rapprochement n'est pas à rechercher dans la mise en place d'une procédure simplifiée applicable devant la nouvelle institution. Néanmoins, une enquête sur la façon dont les juges de proximité conduisent les audiences a été menée afin de savoir quels efforts sont faits par ces nouveaux juges pour tenter de rapprocher la justice du citoyen. Cette question apparaît d'autant plus importante que, selon la majorité des juges interrogés à l'occasion de cette étude, la plupart des justiciables ne sont pas assistés ou représentés par un avocat dans les procès civils[289].

Les différentes réponses obtenues permettent de constater que les juges de proximité font montre d'un attachement particulier à utiliser, lors des audiences, un langage clair, simple et facilement intelligible. La plupart d'entre eux essaient de faire « des efforts de pédagogie » et s'attachent à expliquer le déroulement de la procédure à l'audience ainsi que le sens de leurs décisions[290]. Par ailleurs, plusieurs juges interrogés estiment qu'il est nécessaire de prendre le temps d'écouter les parties[291].

Les efforts faits par les juges de proximité interrogés pour rapprocher la justice du citoyen dans le déroulement des audiences méritent d'être approuvés sans réserve car ils manifestent la volonté de réduire la distance qui sépare le citoyen du droit. Pour autant, la simplification du langage judiciaire mise en avant par les juges de proximité interrogés est-elle réellement possible et si oui,

---

[289] A la question : « en matière civile, les parties sont-elles de manière générale assistées par un avocat ? », 8 juges de proximité sur 11 répondent par la négative et estiment que le pourcentage de représentation est d'environ 20 à 30 %.

[290] 7 personnes interrogées sur 14.

[291] 6 personnes interrogées sur 14.

était-il nécessaire de recourir à des personnes issues de la société civile pour atteindre cet objectif ?

Les obstacles à la simplification du langage judiciaire sont connus : l'argumentaire d'une décision de justice contient non seulement une série de termes techniques dont la compréhension n'est pas aisée, mais encore une discussion interprétative qui peut s'avérer complexe. Le droit a pour fonction d'organiser les rapports entre les individus. Il doit donc assurer une certaine sécurité juridique de façon à ce que chacun puisse adapter son comportement en fonction des règles en vigueur. Il doit aussi se soumettre à un impératif de cohérence : traiter de la même manière des situations semblables. En vue de rencontrer ces deux objectifs (sécurité juridique et cohérence) le droit utilise des termes dont la signification est précise. Chaque terme juridique contient un régime juridique. L'utilisation d'une terminologie est donc inévitable. Néanmoins, ces difficultés ne doivent pas amener à renoncer à tout effort de simplification. Ainsi que l'écrit le doyen Cornu[292] : « le juge (a) le devoir de faire de la langue naturelle l'usage le plus correct, le plus simple et le plus pur. C'est dans les actes réceptifs (jugements, etc.) qu'il est impérieux de faire tous les efforts de rédaction et de présentation possibles pour qu'ils soient facilement compris par ceux à qui ils sont destinés ».

Plusieurs pistes sont envisageables pour simplifier le langage judiciaire.

La première consiste à utiliser, dans la mesure du possible, des mots du langage usuel. Les mots difficiles à comprendre, s'ils n'ont aucune valeur juridique particulière, doivent être évités. De même, les expressions latines doivent être utilisées avec parcimonie ou accompagnées d'une traduction.

La deuxième consiste à aider le justiciable à comprendre les mots techniques de la langue juridique en utilisant des synonymes d'usage courant, en ajoutant (entre tirets ou en note de bas de page) une courte explication ou en remplaçant le mot difficile par une périphrase.

---

292 CORNU, Gérard. *Linguistique juridique*, 2ième éd., 2000, Paris, Montchrestien, p.17.

La troisième consiste pour le magistrat à adopter le point de vue du lecteur (c'est-à-dire le regard des parties qui lisent la décision judiciaire). Certains aspects de la décision, parfois négligés, doivent retenir une attention particulière : la présentation formelle, l'insistance sur les éléments essentiels de la décision, l'explication des termes techniques.

A première vue, ces différentes propositions pourraient tout à fait être mises en application par des magistrats professionnels sans qu'il soit nécessaire de recourir à des juges issus de la société civile. D'ailleurs, les magistrats professionnels font déjà certains efforts pour se mettre à la portée du justiciable non représenté par un avocat. Toutefois, l'exploration complète de ces pistes de simplification du langage judiciaire implique de disposer du temps suffisant. Or, le surcroît d'activité que connaissent les magistrats professionnels constitue un obstacle important au développement de ces solutions. Le recours aux juges de proximité présente alors deux intérêts majeurs. D'une part, la diversité de leurs origines professionnelles peut être de nature à faciliter l'utilisation d'un langage juridique simplifié[293]. D'autre part, la juridiction de proximité n'étant pas pour l'instant atteinte par l'engorgement chronique dont souffrent les autres juridictions, les nouveaux juges sont censés disposer de plus de temps pour expliquer le déroulement de la procédure et le sens de leurs décisions.

B. Dans le délai de rendu des jugements

Selon un sondage TNS-Sofres réalisé les 13 et 14 octobre 2004 auprès d'un échantillon national de 1000 personnes, représentatif de l'ensemble de la population de 18 ans et plus, selon la méthode des quotas, 51 % des français estiment que la lutte contre les lenteurs de la justice est la première amélioration à apporter à la justice. Il est donc essentiel que la juridiction de proximité apparaisse aux yeux du justiciable comme une institution permettant l'obtention rapide d'une décision de justice.

---

[293] A titre d'exemple, un juge de proximité exerçant ou ayant exercé la profession d'avocat, déjà habitué à expliquer les arcanes du procès à son client, fera sans doute plus facilement des efforts de pédagogie lors des audiences.

S'il n'est matériellement pas possible d'effectuer dans le cadre de cette étude une recherche détaillée au sein de différents greffes afin de comparer les délais de jugement devant la juridiction de proximité et devant le tribunal d'instance, plusieurs juges ont en revanche été interrogés sur ce point dans le questionnaire. Certains d'entre eux fixent des délais de rendu des jugements à 15 jours ou 3 semaines. A titre de comparaison, les délibérés des juges d'instance oscillent entre 1 mois et un mois et demi[294]. Par ailleurs, le délai de traitement d'une affaire civile devant la juridiction de proximité semble plus court que devant le tribunal d'instance[295].

Les différentes réponses obtenues démontrent ainsi la célérité de traitement des affaires portées devant la juridiction de proximité. Néanmoins, ainsi que l'explique un juge de proximité, l'extension des compétences de la juridiction multiplie les saisines de celle-ci et lorsqu'il n'existe qu'un seul juge nommé dans une juridiction où le contentieux traité est important, les délais pour rendre les jugements risquent de devenir aussi longs (voir plus) que devant le tribunal d'instance.

Section 5. La participation des juges de proximité aux audiences correctionnelles : l'exemple du tribunal de grande instance de Saint-Etienne

S'agissant des audiences correctionnelles, le président du tribunal de grande instance rend, par ordonnance, un tableau des audiences auxquelles le juge de proximité va participer. Ce tableau est fixé en principe après un avis donné par l'assemblée générale des magistrats du siège. La décision appartient cependant en dernière instance au président. A Saint-Etienne, lors de la consultation de l'assemblée générale par le président du tribunal

---

[294] Renseignements pris auprès de plusieurs greffes de tribunaux d'instance.

[295] Selon un juge de proximité interrogé, le délai de traitement d'une affaire (procédure et délibéré) est d'environ 1 an devant le tribunal d'instance et de 3 mois devant la juridiction de proximité.

de grande instance, les avis étaient assez partagés et aucune vraie majorité ne s'est détachée. Certains magistrats n'étaient pas du tout favorables à l'idée de devoir siéger avec des juges de proximité. D'autres ont, au contraire, approuvé l'idée.

Le président du tribunal de grande instance de Saint-Etienne a décidé qu'à titre expérimental il serait fait appel aux juges de proximité lorsque tous les magistrats du tribunal seront empêchés et ne pourront pas siéger à l'audience correctionnelle[296]. Cela s'est déjà produit lorsque des magistrats étaient malades, en stage et qu'il n'était pas possible de compléter la formation correctionnelle. En tout état de cause, le président a décidé de limiter à deux fois par mois le nombre d'audiences collégiales correctionnelles dans lesquelles les juges de proximité peuvent siéger.

Néanmoins, alors même que rien ne l'interdit dans les textes, le président a décidé de ne pas faire appel à des juges de proximité pour siéger lors d'audiences de comparutions immédiates et préfère que les juges de proximité « siégent dans des audiences pénales complètes »[297].

S'agissant du déroulement des audiences correctionnelles dans lesquelles des juges de proximité ont déjà siégé, il est important de préciser que tous viennent étudier les dossiers à l'avance. Ainsi que l'a souligné le président du tribunal de grande instance de Saint-Etienne, cette démarche apparaît extrêmement positive dans la mesure où certains magistrats professionnels siégeant dans les audiences collégiales du tribunal correctionnel ne prennent pas connaissance des affaires à l'avance et les découvrent lors de l'audience par manque de temps. Ainsi, les juges de proximité

---

[296] Selon les informations fournies dans le rapport du groupe de travail sur les juridictions de proximité, au 8 novembre 2005, sur 181 tribunaux de grande instance, 160 ont indiqué qu'ils avaient ou allaient faire participer les juges de proximité aux audiences correctionnelles, 10 se sont prononcés contre cette participation (après un avis défavorable de l'assemblée générale des magistrats du siège) et 11 n'ont pas répondu ou sont en cours de réflexion.

[297] A l'inverse, à Bobigny, le président du tribunal de grande instance fait siéger les 2 juges de proximité nommés uniquement dans les audiences de comparutions immédiates.

assesseurs du tribunal correctionnel participent à un vrai débat en ayant une bonne connaissance des dossiers.

Toutefois, on peut regretter l'absence de formation spécifique des juges de proximité à l'exercice de ces nouvelles fonctions. Plusieurs juges contactés lors de cette étude ont d'ailleurs indiqué qu'une formation de quelques jours serait nécessaire.

Chapitre 3. Les inquiétudes liées à la formation et aux conditions financières

L'analyse des questionnaires soumis aux juges de proximité fait ressortir deux préoccupations majeures de leur part. L'une concerne la formation (Section 1) et l'autre, les conditions financières (Section 2).

Section 1. Une formation lacunaire

A la question : « êtes-vous satisfait de la durée de votre formation et pensez-vous que certains points devraient être améliorés ? », 11 juges de proximité sur 15 répondent qu'elle est trop courte. Cette préoccupation des juges de proximité conduit à s'intéresser d'une part, au contenu effectif de la formation (§ 1) et d'autre part, aux améliorations envisageables (§ 2).

§ 1. Le contenu de la formation

L'examen du contenu de la formation révèle certaines lacunes tant concernant la formation théorique (A) que la formation pratique (B).

A. La formation théorique à l'école nationale de la magistrature

Afin de se rendre compte de la teneur concrète des enseignements dispensés par l'école nationale de la magistrature aux candidats aux fonctions de juge de proximité (soumis à une formation probatoire ou non), une recherche sur le programme détaillé des 5 jours d'enseignement théorique a été réalisée. Le contenu des apprentissages s'organise autour de 10 points :

1. Une présentation générale de l'institution judiciaire, de son organisation, du fonctionnement du tribunal de grande instance et du tribunal d'instance.

2. La place de la juridiction de proximité dans l'institution judiciaire : relations avec les chefs de juridiction et avec le magistrat chargé de la direction et de l'administration du tribunal d'instance.

3. Les relations du juge avec ses principaux partenaires (greffe, avocats et huissiers).

4. Le statut du juge de proximité, l'éthique et la déontologie du magistrat.

5. Les principes du procès équitable.

6. La compétence de la juridiction de proximité : compétences en matière civile et en matière pénale.

7. Les règles de procédure (civile et pénale).

8. La tenue de l'audience : audience civile et pénale.

9. La rédaction du jugement.

10. Les procédures rapides ou alternatives : injonctions de payer, injonctions de faire, ordonnances pénales, compositions pénales.

Cette présentation appelle plusieurs commentaires.

D'abord, la densité du programme apparaît évidente pour seulement 5 jours d'enseignement. Si plusieurs juges de proximité contactés dans le cadre de la réalisation de la présente étude considèrent que cette formation théorique est très enrichissante et se disent satisfaits par la qualité des enseignements, des intervenants et des documents fournis, certains d'entre eux (notamment ceux qui n'ont aucune pratique des fonctions judiciaires) souhaiteraient qu'elle soit un peu plus longue afin de bien assimiler l'intégralité de ce programme.

Ensuite, ainsi qu'il l'a été expliqué précédemment, aucun enseignement n'est dispensé sur le fond du droit puisque les personnes nommées à ces fonctions doivent avoir une expérience avérée dans le domaine juridique. Cependant, cette expérience peut ne pas correspondre aux différentes matières juridiques auxquelles sera confronté le juge de proximité dans l'exercice de ses fonctions. A titre d'illustration, un commissaire de police à la retraite risque d'éprouver certaines difficultés à trancher un litige relevant de la matière civile. Par ailleurs, le Droit faisant l'objet d'évolutions régulières, il nécessite de la part des juges de proximité un travail important de mise à jour de leurs connaissances. Certes, ce travail n'est pas propre aux juges de proximité et concerne également les magistrats professionnels. Néanmoins, à la différence des premiers, les seconds suivent tout au long de leur carrière les évolutions des règles de droit substantielles et procédurales. Or, par leur profil, certains candidats n'ont probablement pas suivi ces mutations et devront, dans un laps de temps limité, non seulement en prendre connaissance mais également les appliquer en situation contentieuse.

Enfin, les enseignements sont communs à l'ensemble des juges de proximité. Si pour certains stagiaires, le contenu des apprentissages est d'une grande utilité, pour d'autres comme les anciens magistrats de l'ordre judiciaire, il peut apparaître superfétatoire. Sur ce point, deux courants de pensée s'opposent. Pour certains, l'hétérogénéité de l'auditoire durant la formation théorique à l'E.N.M. est source de richesse pour les futurs juges de proximité (les anciens magistrats pouvant par exemple faire partager aux autres leur expérience). Pour d'autres, une formation adaptée au profil des stagiaires semblerait plus pertinente. Cependant, ainsi que l'a souligné M. VEYSSIERE, sous-directeur des études à l'école nationale de la magistrature[298], il n'est pas envisageable de personnaliser la formation, compte tenu de la diversité des origines professionnelles des intéressés[299].

B. Le stage en juridiction

Il comporte 2 volets : un complément à la formation théorique et pratique et une préparation à l'exercice des fonctions.

---

[298] E.N.M. Info, Lettre de l'Ecole nationale de la magistrature, nov. 2003, n°17.

[299] Le rapport du groupe de travail sur les juridictions de proximité se rattache plutôt au premier courant et considère que la présence des anciens magistrats à Bordeaux « permet d'impulser au sein des groupes de stagiaires, issus d'autres horizons professionnels, une dynamique marquée par leur expérience du judiciaire ».

S'agissant du complément à la formation théorique et pratique, il est d'une durée de 4 jours tant pour les candidats soumis à un stage probatoire que pour les juges de proximité non soumis à cette exigence. Il comprend :

- Des visites protocolaires et une présentation générale de l'organisation du tribunal de grande instance (une journée).

- Une découverte des attributions et du fonctionnement du tribunal d'instance (une journée et demie).

- Un apprentissage des relations avec les partenaires du juge d'instance comme l'officier du ministère public, le greffe...(une journée).

- Une découverte des attributions et du fonctionnement de la juridiction des mineurs (siège et parquet spécialisé) d'une journée et demie.

S'agissant de la préparation à l'exercice des fonctions, elle est de 20 jours pour les candidats soumis à un stage probatoire et de 12 jours pour les juges de proximité non soumis à une formation probatoire. Dans les 2 cas, le programme du stage est identique et comporte :

- La présidence d'audiences civiles.

- La rédaction de jugements civils (au minimum 10 choisis dans les domaines de compétence du juge de proximité).

- La présidence d'audiences pénales des 4 premières classes de contraventions (de 2 à 4 audiences si possible).

- La rédaction de quelques jugements pénaux.

- Le traitement d'injonctions de payer et d'injonctions de faire.

- Le traitement d'ordonnances pénales.

- La découverte des attributions des conciliateurs.

- Une rencontre avec les partenaires du juge d'instance (avocats, huissiers de justice, etc.).

- Une initiation à la composition pénale.

A la différence de la formation théorique, l'article 35-9 alinéa 2 du décret du 7 janvier 1993 modifié prévoit que la durée du stage en juridiction peut, à titre exceptionnel, être réduite par le Conseil supérieur de la magistrature, au vu de l'expérience professionnelle du candidat. A titre d'illustration, lors de l'examen de la première série de 35 dossiers de candidature, 6 candidats ont bénéficié d'une réduction de la durée du stage en juridiction[300].

Cependant, à l'instar de la formation théorique, la durée du stage en juridiction apparaît bien courte pour former les juges de proximité, soumis aux mêmes exigences que les juges professionnels puisque la juridiction de proximité emprunte l'essentiel de ses caractéristiques au tribunal d'instance. Ainsi que l'a souligné M. RUEL[301], la construction d'un jugement en trois parties (exposé du litige, motifs de la décision, dispositif) demande une démarche intellectuelle que seuls les magistrats ou les avocats, habitués à la pratique judiciaire, peuvent parfaitement maîtriser en si peu de temps. A titre de comparaison, la formation initiale des juges de paix italiens, dont le recrutement et le champ de compétence s'apparentent à ceux des juges de proximité, est de six mois.

La question est alors de savoir pourquoi ne pas avoir imposé un stage en juridiction plus long afin de permettre aux juges de proximité de se familiariser à leurs nouvelles fonctions. La réponse est sans doute dans la volonté de la chancellerie de recruter le plus rapidement possible au moins un juge de proximité par juridiction et de ne pas accroître le travail des juges d'instance qui ont en charge la formation de ces nouveaux juges.

§ 2. Les améliorations envisageables

L'extension des compétences des juridictions de proximité, notamment en matière civile, demande aux juges de proximité des connaissances juridiques et un travail de rédaction des jugements

---

[300] Source : rapport annuel 2002-2003 du Conseil supérieur de la magistrature.

[301] RUEL, Frédéric. Les débuts difficiles de la juridiction de proximité. Gaz. pal., 15 oct. 2004, n°289, p. 15-16.

encore plus important qu'auparavant. Aussi, il est indispensable de réfléchir aux améliorations pouvant être apportées au niveau de la formation des juges de proximité.

D'abord, un allongement de la formation initiale semble indispensable. La plupart des juges de proximité interrogés souhaiteraient soit une formation théorique plus importante soit un stage en juridiction plus long. Certes, il convient d'attirer l'attention sur la difficile conciliation d'un allongement de la durée de la formation avec l'exercice concomitant d'une activité professionnelle. Le risque d'une formation initiale trop longue serait alors de décourager les candidats aux fonctions de juge de proximité soumis à des impératifs professionnels. Néanmoins, un juste équilibre entre ces impératifs et ceux d'une formation plus complète semble envisageable[302].

Ensuite, il apparaîtrait opportun de renforcer la formation continue (qui n'est actuellement que de 10 jours au cours des 7 années d'exercice) et d'améliorer ses modalités d'organisation. Plutôt que de transposer aux juges de proximité le système de formation continue applicable aux juges professionnels, cette formation devrait être organisée sur place, sous la responsabilité de chaque tribunal de grande instance concerné, pour tenir compte de la situation particulière des juges de proximité dont l'activité professionnelle principale empêche souvent la réalisation périodique de stages à Paris[303].

Par ailleurs, afin de « sortir les juges de proximité de leur isolement » et de mieux répondre aux difficultés qu'ils sont

---

[302] Selon le rapport du groupe de travail sur les juridictions de proximité : « l'allongement de la durée de la formation initiale à Bordeaux à 10 jours consécutifs apparaît indispensable pour répondre à la fois à la demande des juges de proximité et à l'adaptation de la formation pour tenir compte de la loi du 26 janvier 2005 ». Le rapport préconise également un allongement du stage préalable (qui serait de 25 jours) et du stage probatoire (lequel serait de 25 ou 35 jours selon détermination par le Conseil supérieur de la magistrature en fonction des aptitudes et de l'expérience du candidat).

[303] Le rapport du groupe de travail sur les juridictions de proximité fait sienne l'opinion exprimée quant à l'insuffisance du dispositif de formation continue. Il recommande une formation continue de 5 jours par an pendant 7 ans, obligatoire au moins pendant les trois premières années de fonction.

susceptibles de rencontrer dans l'exercice de leurs fonctions (notamment lors des premiers mois suivant leur installation), M. LERNOUT, chef de la mission « juges de proximité » a proposé de nommer des juges référents[304]. En effet, les juges de proximité hésitent parfois à faire part aux magistrats du tribunal d'instance de certaines interrogations concernant des règles de procédure[305] ou de droit substantiel. Actuellement, des magistrats délégués de cours d'appel assurent le suivi de la formation des magistrats. L'idée est donc de désigner, à coté de ces magistrats, des référents pouvant être soit des juges professionnels soit des juges de proximité expérimentés[306].

Enfin, la formation théorique à l'E.N.M. devrait d'une part, intégrer des mises en situation des stagiaires[307] et d'autre part, associer des juges de proximité en exercice afin que ces derniers puissent faire partager leur expérience aux stagiaires et répondre à leurs interrogations.

Section 2. Des conditions financières jugées insatisfaisantes

Les juges de proximité sont soumis à des conditions financières qu'ils jugent insatisfaisantes, tant en ce qui concerne la rémunération de leurs vacations (§ 1) que leurs frais de déplacement (§ 2).

§ 1. La demande de revalorisation de la rémunération des juges de proximité

La question de la rémunération des juges de proximité a fait l'objet d'un large débat lors de l'examen au Sénat de la loi du 9

---

[304] Sur 12 juges de proximité interrogés, 6 se sont déclarés favorables à cette possibilité.

[305] Comme par exemple, l'interprétation de l'article 900 du nouveau code de procédure civile.

[306] V. en ce sens : LEBRETON, Marie-Christine. La justice de proximité : un premier bilan pessimiste. D., 2004, n°39,chron., p.2808-2810.

[307] Comme par exemple, des simulations d'audiences.

septembre 2002. Le sénateur BADINTER avait attiré l'attention du garde des Sceaux sur les difficultés susceptibles de résulter d'une indemnisation trop élevée[308]. En réponse à ces remarques, M. PERBEN avait expliqué qu'il veillerait à assurer « en liaison avec le ministère du budget avant que la loi organique soit votée », un équilibre entre la rémunération des magistrats professionnels et celle des juges de proximité.

Conformément à l'article 41-21 de l'ordonnance du 22 décembre 1958, les juges de proximité ne perçoivent pas un traitement mais une indemnité de vacation dans les conditions fixées par décret en Conseil d'Etat.

L'article 35-14 du décret du 7 janvier 1993 modifié pris pour l'application de l'ordonnance du 22 décembre 1958 prévoit que : « dans la limite des crédits ouverts à cet effet au budget du ministère de la justice, il est attribué aux juges de proximité, pour l'accomplissement des fonctions judiciaires qui leur sont dévolues, une indemnité de vacation forfaitaire dont le taux unitaire est égal à vingt-cinq dix millièmes du traitement brut annuel moyen d'un magistrat du second grade », soit 70,21 euros bruts[309]. Le système de rémunération ainsi choisi est calqué sur celui des magistrats à titre temporaire.

Les modalités d'attribution de cette indemnité sont fixées par arrêté conjoint du garde des Sceaux, ministre de la justice, et du ministre chargé du budget. L'arrêté du 15 mai 2003[310] prévoit que la tenue d'une audience vaut trois taux unitaires de vacation (soit

---

[308] Journal officiel débats parlementaires du Sénat, séance du 25 juillet 2002, p.2136. « Si l'on recrute des juges non professionnels, pour travailler une demi-journée par semaine et qu'on les rémunère à un tarif à peu près équivalent à celui des magistrats professionnels, imaginez les réactions que cela va susciter », expliquait le sénateur.

[309] Source : circulaire de la direction des services judiciaires du 19 mai 2003 relative à la réception et à l'instruction des candidatures aux fonctions de juges de proximité. B.O. du ministère de la justice n°90.

[310] Arrêté du 15 mai 2003 pris en application de l'article 35-14 du décret n°93-21 du 7 janvier 1993 modifié pris pour l'application de l'ordonnance n°58-1270 du 22 décembre 1958 portant loi organique relative au statut de la magistrature. J.O. n°114 du 17 mai 2003, page 8491.

210,63 euros brut) rémunérant forfaitairement la préparation et la tenue de l'audience ainsi que la rédaction des jugements. Or, selon plusieurs juges de proximité, cette rémunération apparaît peu élevée compte tenu de la charge de travail que représente notamment la rédaction des jugements civils[311]. Par conséquent, nombreux sont ceux qui souhaiteraient une revalorisation de l'indemnité de vacation[312].

Lorsque le service assuré ne consiste pas dans la tenue d'une audience (ordonnances d'injonction de payer, ordonnances pénales, homologation des compositions pénales…), une indemnité de vacation au taux unitaire est versée par demi-journée de présence dans la juridiction pour l'accomplissement des fonctions judiciaires. Cependant, certains juges de proximité déplorent qu'un nombre déterminé d'ordonnances d'injonction de payer et d'ordonnances pénales pouvant être traitées pour une vacation ne soit pas fixé réglementairement et ressorte de la compétence des juges directeurs[313]. Reprenant cette idée, l'association nationale des juges de proximité a fait part du souhait émis par certains juges d'une « tarification » des vacations accordées pour la préparation des ordonnances pénales et des injonctions de payer afin « d'éviter des discussions et difficultés avec les juges d'instance »[314]. Néanmoins, la mission « juges de proximité » y est opposée afin : « d'une part, de ne pas pénaliser les juges affectés dans de petites

[311] L'association nationale des juges de proximité évalue en moyenne à 19 heures et 15 minutes le nombre d'heures de travail par audience civile (où 30 dossiers sont appelés et 15 sont retenus) pour une rémunération brute de 212,73 euros.

[312] Le rapport du groupe de travail sur les juridictions de proximité confirme cette tendance puisque, en matière civile, 79 % des juges de proximité interrogés considèrent que le temps passé à l'exercice des fonctions de juge de proximité ne leur semble pas correspondre au montant des vacations allouées.

[313] Un juge de proximité contacté dans le cadre de cette étude expliquait ainsi : « la discussion a été délicate sur le nombre d'injonctions de payer par vacation. Initialement, le nombre de 100 injonctions de payer pour une vacation avait été décidé par les juges directeurs mais devant nos protestations, le chiffre de 60 a été retenu ».

[314] Dans le même sens, le groupe de travail sur les juridictions de proximité propose de fixer, sous réserve de spécificités locales liées à la carte judiciaire, à 50 injonctions de payer et à 80 ordonnances pénales ouvrant droit au paiement d'un taux de vacation.

juridictions qui, dans certains cas, ne pourraient jamais atteindre le minimum du barème et qui, par conséquent, ne seraient pas rémunérés des travaux qu'ils effectuent et d'autre part, d'éviter l'introduction d'une notion de prime à la tâche préjudiciable à la justice en général et en particulier à la justice de proximité ».

Par ailleurs, un nombre maximum de vacations est fixé à la fois par mois (afin d'éviter un cumul excessif de vacations sur une période donnée au détriment du reste de l'année) et par an. Ainsi, le nombre de vacations allouées à chaque juge de proximité ne peut excéder 15 par mois et 132 par an. Or, si la loi du 26 janvier 2005 a augmenté les compétences du juge de proximité, aucune disposition n'est venue augmenter les contingents mensuels et annuels de vacations. Comme l'ont fait remarqué plusieurs juges de proximité, le risque est alors de voir croître de façon importante le nombre d'affaires audiencées pour une même indemnité de vacation[315].

§ 2. Le souhait d'un remboursement des frais de déplacement

Les frais de déplacement des juges de proximité ne sont pris en compte qu'à partir de leur résidence administrative. Dès lors, les frais occasionnés par leurs déplacements de leur domicile personnel jusqu'au lieu d'exercice des fonctions ne sont pas pris en compte[316].

Or, de nombreux juges de proximité n'ont pas été nommés près de leur domicile personnel et doivent ainsi effectuer de longs trajets pour rejoindre la juridiction de proximité dans laquelle ils ont été nommés. La prise en charge des frais de déplacement entre le domicile et la juridiction d'affectation est donc demandée par plusieurs juges de proximité. Dans son compte-rendu du 19 juin

---

[315] Le groupe de travail sur les juridictions de proximité estime également qu'un tel système présente trop de rigidité. Il propose de supprimer le plafond mensuel de vacations et de porter de 132 à 200 le nombre annuel de vacations.

[316] Toutefois, la circulaire du 19 mai 2003 précitée précise qu'ils sont indemnisés pour leurs déplacements effectués à l'occasion de la tenue d'audiences foraines ou de transports sur les lieux.

2004, l'association nationale des juges de proximité a d'ailleurs repris cette revendication[317].

L'absence de remboursement des frais de trajet est regrettable car elle semble de nature à dissuader les candidatures, voire à décourager certains juges de proximité en fonction[318]. Interrogé sur ce point, M. LERNOUT a indiqué que le ministère de la justice avait tout à fait conscience de cette difficulté et qu'une prise en charge n'était pas exclue, sous réserve que les budgets alloués par le ministère permettent d'y faire face.

Conclusion

Une nouvelle juridiction est apparue dans le paysage institutionnel français sans pour autant la doter des moyens nécessaires à son fonctionnement. L'article 35-14 du décret du 7 janvier 1993 (issu du décret du 15 mai 2003) dispose d'ailleurs que les juges de proximité seront payés pour l'accomplissement de leurs fonctions « dans la limite des crédits disponibles ». Certes, ainsi qu'a pu le faire valoir Marie-Christine LEBRETON[319], on peut espérer que cela ne soit qu'une hypothèse d'école. Toutefois, le fait que le législateur ait pu l'envisager corrobore le sentiment de restriction budgétaire qui se dégage de la mise en place de la nouvelle institution.

Or, à défaut d'être dissipées, les inquiétudes des juges de proximité concernant leur formation et leurs conditions de rémunération risquent d'entraîner une certaine démotivation et donc,

---

317 De même, le groupe de travail sur les juridictions de proximité estime tout à fait anormal que des personnes participant au service public de la justice ne soient pas défrayées pour leurs déplacements et consacrent tout ou partie de leur rémunération, en réalité, pour régler ces derniers.

318 Parmi les juges de proximité interrogés dans le cadre de cette étude, l'un d'eux expliquait : « ayant été affecté à 115 kilomètres de mon domicile, il a fallu prévoir au moins 3 déplacements par audience alors que les frais de déplacement ne sont toujours pas remboursés. C'est la raison pour laquelle j'ai été affecté dans une juridiction plus proche (37 kilomètres). A défaut, j'aurai sans doute démissionné ».

319 V. note 306.

dans l'avenir, de préjudicier au fonctionnement de la juridiction de proximité.

Conclusion générale

Au terme de cette étude, l'avenir des juridictions de proximité apparaît bien fragile. De nombreux points concernant le fonctionnement de l'institution restent à améliorer. Seuls un rôle actif du Conseil supérieur de la magistrature dans le contrôle des conditions d'aptitude des candidats, un renforcement des incompatibilités professionnelles (notamment concernant les avocats), une formation accrue, de meilleures conditions de rémunération, semblent permettre de la faire perdurer. La création d'un nouvel ordre de juridiction nécessite de dégager les moyens nécessaires à son fonctionnement. Il est permis d'espérer que la Chancellerie s'efforcera de mobiliser ces moyens pour éviter aux juges de proximité de connaître un sort identique à celui des magistrats à titre temporaire. A défaut d'une réelle volonté politique et d'une implication suffisante, la réussite de la réforme deviendrait bien incertaine et risquerait de provoquer une incompréhension chez les justiciables.

Néanmoins, le juge de proximité ne résoudra pas tous les problèmes de la justice quotidienne. Pour que l'objectif affiché par le gouvernement lors de la mise en place de la nouvelle institution soit raisonnablement atteint, la création des juridictions de proximité doit nécessairement s'accompagner de certaines réformes. En effet, permettre aux petits litiges de la vie quotidienne de trouver une réponse judiciaire adaptée est un chantier d'envergure passant par une simplification des règles de procédure, une réflexion sur l'articulation des compétences entre le juge de proximité et le conciliateur de justice, un renforcement des mécanismes d'accès au droit et une réévaluation du système de l'aide juridictionnelle afin de permettre aux justiciables de recourir plus facilement à un avocat. Ce n'est qu'au prix de ces réformes que l'institution atteindra son but.

Certes, le choix fait par le législateur de créer une juridiction supplémentaire est porteur d'un risque d'accroissement de la complexité des règles de répartition des compétences entre les juridictions de première instance. Plutôt que de créer une nouvelle juridiction, il aurait sans doute été plus judicieux de réorganiser et de renforcer les institutions existantes pour mieux les adapter aux exigences du règlement des petits litiges auxquels sont confrontés les particuliers. En effet, le tribunal d'instance constitue déjà une structure apte à offrir une justice de qualité proche des usagers. Encore faut-il donner à ces juges le temps de se consacrer à l'exercice de leurs fonctions, réformer certaines règles de procédure applicables devant le tribunal d'instance, associer davantage les conciliateurs de justice au fonctionnement de cette juridiction et renoncer aux excès procéduraux en préférant la conciliation (chaque fois qu'elle est envisageable) aux solutions contentieuses.

Pour autant, brosser un tableau entièrement négatif des juridictions de proximité serait réducteur. Leur création peut s'avérer utile à condition que les juges de proximité disposent du temps nécessaire pour privilégier le dialogue, l'écoute et la conciliation. Si les résultats de l'enquête pratique peuvent décevoir quant à l'utilisation de la conciliation par les juges interrogés, les efforts faits par la plupart pour rapprocher la justice du citoyen d'une part, dans le déroulement des audiences (en utilisant un langage simple, clair et accessible pour le justiciable) et d'autre part, dans le délai de rendu des jugements méritent d'être soulignés et approuvés sans réserve.

Les juges de proximité font désormais partie du paysage juridictionnel français. Il leur appartient de faire leurs preuves et de gagner la confiance des citoyens. Celle-ci ne peut s'acquérir que par l'action des juges au quotidien, c'est-à-dire par la manière qu'ils ont de recevoir les justiciables devant le tribunal, de tenir les audiences, d'écouter les parties, de leur répondre et de se mettre à leur niveau. S'ils acquièrent la confiance des justiciables, leur intégration sera réussie, à moins qu'ils ne disparaissent de la réalité judiciaire, à défaut de candidatures suffisantes dans les années à venir. Cependant, une évolution moins sombre est envisageable.

En effet, l'idée de créer une seule juridiction de première instance en lieu et place de tous les tribunaux de premier degré actuels constituerait une véritable simplification du paysage juridictionnel français. Son avantage serait de laisser le président de chaque juridiction répartir les affaires selon la compétence et la disponibilité des magistrats, organisés en chambres spécialisées. Un tel système n'est pas irréalisable et encore moins utopique, puisqu'il fonctionne bien au second degré. L'unicité des guichets de greffe, expérimentée dans certaines juridictions pilotes (notamment à Saint-Etienne), est déjà un progrès. Cependant, l'unicité des tribunaux au sein d'un ressort territorial donné serait encore mieux.

Il est bien évident que chaque juge de première instance développerait un ou plusieurs domaines de compétence, dans le(s)quel(s) il se spécialiserait au moins pour un temps, comme cela existe aujourd'hui au second degré. Les conflits de compétence seraient par le fait même supprimés, au grand bénéfice des justiciables comme de la justice. Cela n'empêcherait nullement le président de l'unique « tribunal de première instance » ou le président de la chambre désignée de renvoyer à une conciliation ou une médiation. Et c'est dans ce cadre qu'un juge de proximité s'occupant des petits litiges de la vie quotidienne aurait sa place et toute son utilité. Il s'efforcerait en effet de concilier les parties et à défaut il trancherait ces petits litiges à lui distribués, par le président. Chaque procédure serait ensuite plus ou moins complexe selon la nature de l'affaire et la formation spécialisée (chambre ou juge unique, professionnel ou non) qui aurait été désignée pour en connaître.

La juridiction de proximité présente deux années après sa naissance un état pathologique. Pour autant, les maux dont elle souffre ne sont pas incurables. Une prophylaxie est envisageable mais nécessite un dépistage rapide de la part du législateur. A défaut, son espérance de vie risque d'être relativement limitée et son nom pourrait alors s'ajouter à la triste liste des mesures hier spectaculaires, aujourd'hui, décevantes et demain oubliées.

Index

R

S

T

V

Bibliographie

1. MANUELS

CADIET (L.), JEULAND (E.), *Droit judiciaire privé*, Ed. Litec, 2004, 822 p.

FRICERO (N.), *Les institutions judiciaires*, Ed. Gualino, 2004, 177 p.

GUINCHARD (S.) (sous la direction de), *Droit et pratique de la procédure civile*, Ed. Dalloz, coll. Dalloz action, 2004, 1326 p.

PERROT (R.), *Institutions judiciaires*, Ed. Montchrestien, coll. Domat droit privé, 2004, 539 p.

2. MONOGRAPHIES ET RAPPORTS

MARTIN (R.), *La juridiction de proximité*, Ed. Edilaix, 2004, 74 p.

METAIRIE (G.), *La justice de proximité : une approche historique*. Ed. Presses universitaires de France, 2004, 160 p.

PETIT (J-G.) (sous la direction de), *Une justice de proximité : la justice de paix*, Ed. Presses universitaires de France, 2002, 283 p.

WYVEKENS (A.) (sous la direction de). *Justice de proximité en Europe : pratiques et enjeux*, Ed. Erès, 2001, 175 p.

3. ARTICLES DE DOCTRINE

BARRIERE (C-P.), Le juge de proximité et le conciliateur de justice : partenaires ou concurrents ? *Gaz. Pal.*, 2002, n°328, p.3-7.

BELLIVIER (F.), ROCHFELD (J.), Juridiction de proximité, juridiction-humilité ? *R.T.D.civ.*, octobre-décembre 2002, p.848-853.

BLERY (C.), La compétence civile du nouveau juge de proximité. De quelques questions qu'elle suscite, *D.*, 2003, n°9, doctrine, p.566-568.

BLERY (C.), Les aspects civils de la loi n°2005-47 du 26 janvier 2005 relative aux compétences du tribunal d'instance, de la juridiction de proximité et du tribunal de grande instance, *D.*, 2005, n°7, doctrine, p. 461-463.

BLONDEL (R.), Présentation du décret n°2003-542 du 23 juin 2003 relatif à la juridiction de proximité, *Gaz. Pal.*, 2003, n°208, p.3-6.

BOEDELS (J.), Le costume des juges de proximité, *Gaz. Pal.*, 2003, n°142, p.25.

BULLIER (A.), Les magistrates, *Gaz. Pal.*, 2003, n°101, p.8-9.

CADIET (L.), Juridictions de proximité, *J.C.P. éd. G.*, 2003, n°17, chron. 128, p.718-719.

CALLE (P.), La compétence civile du juge de proximité après le décret n°2003-542 du 23 juin 2003 : incertitudes, vous avez dit incertitudes, *D.*, 2004, n°15, p.1027-1028.

CAMOUS (E.), Les modes alternatifs de règlement des conflits constituent-ils une justice de proximité ? *Gaz. Pal.*, 2003, n°302, p.5-16.

CHEVALIER (P.) et MOUSSA (T.), Le décret relatif à la juridiction de proximité, *J.C.P. éd. G.*, 2003, n°49, chron. 181, p.2129-2134.

COLENO (C.) et BARBIERI (J-J.), De minimis curat praetor (à propos du juge de proximité), *Petites affiches*, 22 et 23 juillet 2003, n°145 (p.4-10) et 146 (p.6-14).

DALLE (H.), Le juge et la justice de proximité, *Gaz. Pal.*, 2003, n°302, p.31-34.

DELESALLE (C.), Justice de proximité : le temps des débats est clos, *Droit et patrimoine*, mars 2003, n°113, p.14-15.

DESDEVISES (Y.), Justice et juridiction de proximité dans la loi du 9 septembre 2002, *Droit et procédures*, mars-avril 2003, n°2, p.68-74.

DUFOUR (O.), Quand les nouveaux « juges de paix » sèment la discorde, *Petites affiches*, 1er août 2002, n°153, p.3-5.

GAGET (M.), Les instruments d'une justice de proximité, *Gaz. Pal.*, 2003, n°302, p.21-25.

JOLY-HURARD (J.), Le nouveau pouvoir d'injonction du juge en matière de conciliation, *D.*, 2003, n°14, chron., p.928-930.

LEBRETON (M-C.), La justice de proximité : un premier bilan pessimiste, *D.*, 2004, n°39,chron., p.2808-2810.

LERNOUT (M.), Les premiers juges de proximité entrent en fonction, *Gaz. Pal.*, 2003, n°302, p.3-4.

MARON (A.), Voici venu le temps des juges de proximité, *Droit pénal*, 2004, n°10, p.3.

MARTIN (R.), Vous avez dit proximité ? *D.*, 2004, n°8, point de vue, p.507.

MATHIEU (B.), L'extension de la compétence des juges de proximité devant le Conseil constitutionnel : une tempête dans un verre d'eau, *D.*, 2005, n°7, p.449.

MOUTOUH (H.), La juridiction de proximité : une tentative attendue de déconcentration judiciaire, *D.*, 2002, n°43, chron., p.3218-3223.

NATALI (F.), Les avocats et le projet de loi Perben, *D.*, 2002, n°30, interview, p.2343-2344.

NOTTE (G.), Loi n°2005-47 du 26 janvier 2005 relative aux compétences du tribunal d'instance, de la juridiction de proximité et du tribunal de grande instance, *J.C.P. éd. E.*, 10 fév. 2005, n°6, act. 26.

PIASTRA (R.), La réforme de la juridiction de proximité, *Gaz. Pal.*, 17 fév. 2005, n°48, p.11-12.

RENOUX(T.), Le statut des magistrats, garant de la démocratie, *Petites affiches*, 18 juin 2003, n°121, p.4-12.

RIVIER (M-C.), Les justices de proximité en droit comparé, *Gaz. Pal.*, 2003, n°302, p.17-20.

ROSENCZVEIG (J-P.), La loi d'orientation et de programmation sur la justice, une promesse tenue ? Pas évident, *D.*, 2002, n°30, p.2339-2342.

ROUQUET (Y.), Tribunal d'instance, juge de proximité et baux d'habitation, *D.*, 2005, n°6, p. 383.

RUEL (F.), Les débuts difficiles de la juridiction de proximité, *Gaz. Pal.*, 15 oct. 2004, n°289, p. 15-16.

RUEL (F.), La juridiction de proximité : retouchée mais pas encore coulée, *J.C.P. éd. G.*, 9 mars 2005, n°10, act. 111.

SCHOETTL (J-E.), Le statut des juges de proximité devant le Conseil constitutionnel, *Petites affiches*, 13 mars 2003, n°52, p.7-22.

SCHOETTL (J-E.), Les juges de proximité passent pour la troisième fois rue de Montpensier, *Petites affiches*, 2 février 2005, n°23, p.7.

SIRE-MARIN (E.), L'inquiétude des professionnels du monde judiciaire devant la création des « juges de proximité », *D.*, 2002, n°44, point de vue, p.3275-3276.

VERICEL (M.), Pour une véritable justice de proximité en matière civile, *J.C.P. éd. G.*, 2003, n°10, chron. 114, p.389-392.

VERICEL (M.), Réflexions sur la mise en place des juridictions de proximité, *Gaz. Pal.*, 2003, n°302, p.26-30.

4. ARTICLES DE PRESSE

Libération, 11 avril 2005, « Les juges de proximité, une denrée exotique à l'ANPE ».

Le Monde, 9 avril 2005, « l'ANPE cherche des juges de proximité, âge limite 75 ans ».

Le Monde, 15 février 2005, « Controverse autour de la qualité du travail des juges de proximité ».

Le Monde, 15 février 2005, « Excès de vitesse, querelles de voisinage, tapage… trois débutants règlent les conflits du quotidien », reportage auprès de plusieurs juridictions de proximité.

Le Monde, 14 février 2005, « La Justice de proximité vue par deux magistrats », point de vue de Gracieuse Lacoste, conseillère à la cour d'appel de Paris et Agnès Martinel, magistrat à la Cour de cassation.

Libération, 14 février 2005, « Arrêtons de recruter les juges de proximité dans le brouillard », entretien avec Valéry Turcey, membre du Conseil supérieur de la magistrature.

Le Monde ; 25 janvier 2005, « Juges de proximité : un membre du CSM critique le Conseil constitutionnel ».

Libération, 9 décembre 2004, « Les juges de proximité accroissent leur périmètre ».

Libération, 29 octobre 2004, « Du galon pour les juges de proximité ».

La Voix du nord, 21 octobre 2004, « Les juges de proximité, un an après », interview d'Isabelle Guénezan, présidente de l'association nationale des juges de proximité.

Libération, 25 septembre 2004, « Mobilisation contre les juges de proximité ».

Libération, 24 septembre 2004, « Levée de boucliers contre les juges de proximité ».

Le Nouvel observateur, 22 septembre 2004, « Juges de proximité : vers plus de pouvoirs ? »

Le Figaro, 18 et 19 septembre 2004, « Les juges de proximité siégeront en correctionnelle ».

Le Figaro, 18 et 19 septembre 2004, « Le contact est plus facile entre le justiciable et nous », entretien avec la présidente de l'association des juges de proximité.

Libération, 17 septembre 2004, « Soit nos attributions augmentent soit nous disparaissons », entretien avec Raphaël Piastra, maître de conférences à l'université d'auvergne et juge de proximité à Clermont-Ferrand.

Libération, 17 septembre 2004, « Les juges de proximité font peur aux consommateurs ».

Libération, 17 septembre 2004, « Juges de proximité cherchent occupation ».

Libération, 17 septembre 2004, « Un souci permanent de rapprocher justice et justiciable », entretien avec Marcel Lemonde, président de la chambre d'instruction au T.G.I de Bastia.

Le Monde, 15 septembre 2004, « Le projet d'extension des compétences des juges de proximité suscite un tollé chez les magistrats ».

Le Monde, 22 décembre 2003, « Quand les juges de proximité se recommandent des élus ».

Le Monde, 24 octobre 2003, « Les juges d'instance dénoncent l'absurdité de la justice de proximité ».

Le Monde, 22 juillet 2003, « Les 33 premiers juges de proximité sélectionnés par le Conseil supérieur de la magistrature ».

Le Monde, 22 juillet 2003, « Le profil-type du juge de proximité : un juriste sexagénaire retraité ».

Le Monde, 20 novembre 2002, « Les juges de proximité suscitent l'inquiétude des magistrats ».

Le Monde, 19 décembre 2002, « L'assemblée nationale approuve la création de 3300 postes de juges de proximité en cinq ans ».

Le Monde, 1er novembre 2002, « Les syndicats de magistrats rejettent d'une seule voix la justice de proximité ».

Le Monde, 4 octobre 2002, « Au sénat, Robert Badinter compare la justice de proximité à une justice de notables ».

Le Monde, 25 septembre 2002, « Le Conseil supérieur de la magistrature réservé sur les juges de proximité ».

Le Monde, 18 juillet 2002, « La réforme de la justice présentée sous le feu des critiques ».

Le Monde, 17 juillet 2002, « Les associations des droits de l'homme sont consternées par le projet de loi sur la justice ».

Libération, 16 juillet 2002, « Entretien avec Patrick Blanc, secrétaire générale d'une association chargée de la protection de l'enfance ».

Le Monde, 13 juillet 2002, « Le Conseil d'Etat s'oppose à la création des juges de proximité par une loi simple ».

Le Monde, 10 juillet 2002, « Des sénateurs prônent l'instauration d'une véritable justice de proximité ».

Le Monde, 6 juillet 2002, « Des juges de proximité devront régler les petits litiges de la vie ».

5. TEXTES LEGISLATIFS ET REGLEMENTAIRES

Loi organique n°2003-153 du 26 février 2003 relative aux juges de proximité. J.O. n°49 du 27 février 2003, page 3479.

Loi n°2002-1138 du 9 septembre 2002 d'orientation et de programmation pour la justice. J.O. n°211 du 10 septembre 2002, page 14934 (rectificatif paru au J.O. n°299 du 24 décembre 2002 page 21500).

Loi n°2005-47 du 26 janvier 2005 relative aux compétences du tribunal d'instance, de la juridiction de proximité et du tribunal de grande instance. J.O. n°22 du 27 janvier 2005, page 1409.

Décret n°2003-438 du 15 mai 2003 modifiant le décret n°93-21 du 7 janvier 1993 pris pour l'application de l'ordonnance n°58-1270 du 22 décembre 1958 portant loi organique relative au statut de la magistrature. J.O. n°114 du 17 mai 2003, p. 8488.

Décret n°2003-542 du 23 juin 2003 relatif à la juridiction de proximité et modifiant le code de l'organisation judiciaire, le nouveau code de procédure civile, le code de procédure pénale (deuxième partie : décrets en Conseil d'Etat) et le décret n°91-1266 du 19 décembre 1991 portant application de la loi n°91-647 du 10 juillet 1991 relative à l'aide juridique. J.O. n°145 du 25 juin 2003, page 10632.

Décret n°2004-1021 du 27 septembre 2004 portant modification du code pénal et du code de procédure pénale (deuxièmes parties : décrets en Conseil d'Etat) et relatif notamment au stage de citoyenneté, à la composition pénale, aux sûretés prononcées dans le cadre d'un contrôle judiciaire et à la juridiction de proximité. J.O. n°227 du 29 septembre 2004, page 16718.

Décret n°2005-284 du 25 mars 2005 relatif aux contraventions de diffamation, d'injure et de provocation non publiques à caractère discriminatoire et à la compétence du tribunal de police et de la juridiction de proximité. J.O. n°74 du 30 mars 2005, page 5752.

Décret n°2005-460 du 13 mai 2005 relatif aux compétences des juridictions civiles, à la procédure civile et à l'organisation judiciaire. J.O. n°111 du 14 mai 2005, page 8343.

Arrêté du 15 mai 2003 pris en application de l'article 35-14 du décret n°93-21 du 7 janvier 1993 modifié pris pour l'application de l'ordonnance n°58-1270 du 22 décembre 1958 portant loi organique relative au statut de la magistrature. J.O. n°114 du 17 mai 2003, page 8491.

Circulaire de la direction des services judiciaires du 19 mai 2003 relative à la réception et à l'instruction des candidatures aux fonctions de juges de proximité. B.O. du ministère de la justice n°90.

Circulaire de la direction des services judiciaires du 12 septembre 2003 relative au fonctionnement des juridictions de proximité. B.O. du ministère de la justice n°91.

Circulaire de la direction des affaires criminelles et des grâces du 30 mars 2005 portant présentation des dispositions de la loi n°2005-47 du 26 janvier 2005 et du décret n°2005-284 du 25 mars 2005 relatives à la compétence de la juridiction de proximité et du tribunal de police pour le jugement des contraventions. B.O. du ministère de la justice n°97.

6. TRAVAUX PARLEMENTAIRES

a) Sur la loi du 9 septembre 2002

Rapport n°370 (2001-2002) de MM. les sénateurs Jean-Pierre SCHOSTECK et Pierre FAUCHON, fait au nom de la commission des lois au Sénat, déposé le 24 juillet 2002.

Rapport n°157 de M. le député Jean-Luc WARSMANN, fait au nom de la commission des lois à l'Assemblée nationale, déposé le 30 juillet 2002.

Rapport n°393 (2001-2002) de MM. Jean-Pierre SCHOSTECK et Pierre FAUCHON fait au nom de la commission mixte paritaire, déposé le 3 août 2002.

b) Sur la loi organique du 26 février 2003

Rapport n°404 (2001-2002) de M. le sénateur Pierre FAUCHON, fait au nom de la commission des lois au Sénat, déposé le 25 septembre 2002.

Rapport n°466 de M. le député Emile BLESSIG, fait au nom de la commission des lois à l'Assemblée nationale, déposé le 11 décembre 2002.

Rapport n°127 (2002-2003) de M. le sénateur Pierre FAUCHON, fait au nom de la commission des lois au Sénat (deuxième lecture), déposé le 15 janvier 2003.

c) Sur la loi du 26 janvier 2005

Rapport n°66 (2004-2005) de M. le sénateur Pierre FAUCHON, fait au nom de la commission des lois au Sénat, déposé le 17 novembre 2004.

Rapport n°1971 de M. le député Jean-Paul GARRAUD, fait au nom de la commission des lois à l'Assemblée nationale, déposé le 2 décembre 2004.

Rapport n°120 (2004-2005) de M. le sénateur Pierre FAUCHON, fait au nom de la commission des lois au Sénat (deuxième lecture), déposé le 15 décembre 2004.

7. DECISIONS ET AVIS

Décision n°2002-461 DC du 29 août 2002 « loi d'orientation et de programmation pour la justice ». J.O. n°211 du 10 septembre 2002, page 14953.

Décision n°2003-466 DC du 20 février 2003 « loi organique relative aux juges de proximité. J.O. n°49 du 27 février 2003, p.3480.

Décision n°2004-510 DC du 20 janvier 2005 « loi relative aux compétences du tribunal d'instance, de la juridiction de proximité et du tribunal de grande instance ». J.O. n°22 du 27 janvier 2005, page 1412.

Avis du Conseil supérieur de la magistrature du 19 septembre 2002 sur le projet de loi organique déterminant le statut des juges de proximité. Annexe au rapport annuel 2003 du Conseil supérieur de la magistrature.

8. SITES INTERNET

- Assemblée nationale :

  http://www.assemblee-nationale.fr/

- Association nationale des juges de proximité :

  http://www.anjp.fr/

- Conseil constitutionnel :

  http://www.conseil-constitutionnel.fr/

- Conseil supérieur de la magistrature :

  http://www.conseil-superieur-magistrature.fr/

- Ecole nationale de la magistrature :

http://www.enm.justice.fr/

- Legifrance :

  http://www.legifrance.gouv.fr/

- Le Monde :

  http://www.lemonde.fr/

- Libération :

  http://www.liberation.fr/

- Ministère de la justice :

  http://www.justice.gouv.fr/

- Mission de recherche droit et justice :

  http://www.gip-recherche-justice.fr/

- Premier ministre-Portail du gouvernement :

  http://www.premier-ministre.gouv.fr/fr/

- Sénat :

  http://www.senat.fr/

- Syndicat de la magistrature :

  http://www.syndicat-magistrature.org/

- Système universitaire de documentation :

  http://www.sudoc.abes.fr/

Questionnaire soumis aux juges de proximité

I. Votre profil

1. Vos nom et prénom [1] :

Exercez-vous une activité professionnelle parallèlement à vos fonctions ? Si oui, précisez laquelle ?

Si vous êtes avocat(e) ou maître de conférences, quelle est votre spécialité ?

Si vous êtes retraité(e), quelle était votre profession ?

En quelle année avez-vous pris vos fonctions de juge de proximité ?

De quelle cour d'appel dépend la juridiction de proximité dans laquelle vous êtes affecté(e) ?

---

[1] Aucune information nominative sur les réponses ne figurera dans l'étude.

II. L'organisation de vos vacations

2. En moyenne, combien de vacations réalisiez-vous mensuellement avant l'entrée en vigueur de la loi du 26 janvier 2005 ?

3. Depuis l'adoption de la loi n°2005-47 du 26 janvier 2005, le nombre de vos vacations a-t-il augmenté ?

4. Du contentieux civil ou pénal, lequel représente votre activité essentielle ?

5. A quel(s) type(s) de litiges êtes-vous le plus souvent confronté(e) :

a) En matière civile ?

b) En matière pénale ?

III. La prise de vos fonctions

6. Etes-vous satisfait(e) de la durée et de la qualité de votre formation ? Quels points devraient, selon vous, être améliorés ?

7. a) Avez-vous éprouvé(e) des difficultés juridiques pour trancher certains litiges ? Si oui, lesquelles ?

b) La possibilité de nommer des juges référents afin de répondre aux interrogations inhérentes à vos fonctions vous semblerait-elle pertinente ?

8. Lors de votre installation, avez-vous rencontrez des difficultés dans l'organisation matérielle des audiences ?

9. Le président du tribunal d'instance vous a-t-il consulté pour la détermination des dates d'audiences ou avez-vous dû adapter votre emploi du temps principal à des dates prédéterminées et imposées ?

10. Quelles relations entretenez-vous avec les magistrats professionnels ? Comment vous-ont-ils accueilli(e) ?

IV. Votre pratique de la procédure

11. Quelle place donnez-vous à la conciliation en matière civile ? La considérez-vous comme un préalable obligatoire ? Comment l'utilisez-vous ? (2)

12. En matière civile, avez-vous déjà fait usage de la procédure de renvoi de compétence au tribunal d'instance en cas de difficulté juridique sérieuse ? (3) Pensez-vous que cette procédure peut vous être utile ?

V. Le déroulement des audiences

13. Dans le domaine civil, quel est en moyenne le montant des litiges dont vous êtes saisi(e) ?

(2) Article 839 du nouveau code de procédure civile.

(3) Article L.331-4 du code de l'organisation judiciaire.

14. S'agissant du profil des justiciables en matière civile, quelles sont les catégories socioprofessionnelles les plus représentées ? De manière générale, les parties sont-elles assistées par un avocat ?

15. La juridiction de proximité visant à rapprocher la justice des citoyens, quels efforts faites-vous pour répondre à cet objectif :

a) Dans le déroulement des audiences (notamment lorsque les parties ne sont pas assistées d'un conseil) ?

b) Dans la fixation de la date de rendu des jugements ?

VI. Votre point de vue

16. Que pensez-vous des différentes critiques suscitées par la création de cette nouvelle institution ? Vous paraissent-elles fondées ?

17. L'un des objectifs visé par la création de la juridiction de proximité est de réconcilier les justiciables confrontés à des petits litiges avec le service public de la justice afin de leur permettre d'accéder plus facilement au juge. Selon vous, comment la juridiction de proximité (dont la procédure est pourtant similaire à celle du tribunal d'instance) est-elle à même de répondre à cet objectif ?

18. Quel regard portez-vous sur l'adoption de la loi du 26 janvier 2005 portant extension des compétences de la juridiction de proximité ? Y-a-t-il des points qui auraient dû retenir l'attention du législateur ?

19. Selon vous, dans quelles conditions la pérennité de l'institution pourra-t-elle être assurée ?

20. Souhaitez-vous faire part de certaines remarques ou aborder des éléments qui n'ont pas été traités dans ce questionnaire ? Si oui, lesquels ?

Table des matières

Achevé d'imprimer par Corlet Numérique - 14110 Condé-sur-Noireau
N° d'Imprimeur : 30863 - Dépôt légal : avril 2006 - *Imprimé en France*